リハビリテーション・カウンセリング

渡辺三枝子 監修
Mieko Watanabe

藤田有香 著
Yuka Fujita Langlais

Rehabilitation
Counseling

ナカニシヤ出版

はじめに

「大きく社会が変わろうとしているいま，カウンセラーとして教育を受けた私たちは，障害者の人権を守る意味で，専門的なリハビリテーション・カウンセリングを日本に伝える責任があるのではないか」と話しあったのは10年近く前のことである。当初は，著者である藤田は，アメリカでリハビリテーション・カウンセラーとしての資格を取得したら帰国して日本で働く計画を立てていたからである。日本の障害者支援およびカウンセリングの状態を身をもって経験していた著者は，日本という独自の社会環境の中で，真に，障害者が自立することにもっと積極的にかかわって働くためにはアメリカで現場経験と専門的教育を受けるべきであると考え，ボストン大学大学院での教育を修了したあと，ボストンの公立職業リハビリテーション・センターで，リハビリテーション・カウンセラーの職に就くことを決心した。

帰国を延期すると決めた時の著者の言葉は今でも私の耳に残っている。それは，「私はリハビリテーション・カウンセラーの教育を受けにきた。大学院での内容と教育環境，人的関わりすべてが初めての経験であり，驚きの連続であると同時に非常に教育的だった。そのすべては日本の大学院時代とは比べようもなかった。しかしそれ以上の衝撃的体験は，街の人々の障害者に対する態度と行動である。このような人々の態度は決して

専門書には書かれていない。しかしリハビリテーション・カウンセリングの背景に脈々と流れている。リハビリテーション・カウンセリングの精神や理念はそうしたアメリカ社会に根差した人間観を背景としていると思う。人々の障害者に対する姿勢は体験してみて初めて納得できた。これがアメリカで学習した最高の収穫となった。私も本当のリハビリテーション・カウンセラーとなるために，カウンセラーとしての実務をもう少しアメリカで体験したい」と。そして，「カウンセリングのスキル，評価方法，指導計画の策定方法などは，そのまま日本に持ち帰って，そのまま活用しようとは思わない。文化が違うからあまり意味はないとさえ思う。しかし，『精神』は持ち帰らなければならない」とつづけた。

著者は，ボストン郊外の公立職業リハビリテーション・センターでカウンセラーの職を得，その後，同僚と結婚，子育てをしながら，今もカウンセラーとして働いている。帰国はほとんど不可能となり，ワーク・ファミリー・バランスを考えて，執筆の実現を延期することとなった。

他方，監修を受け持った私は，日本社会におけるキャリア・カウンセリングへの関心の高まりのなか，障害者のキャリア発達，キャリア支援に関する研究の遅れが気になりだしていた。初等中等学校におけるキャリア教育も注目されてきている現在，「すべての児童生徒を対象とするキャリア教育」であるはずが，障害者は視野に入っているとは言い難い現状である。私は障害者の雇用促進にかかわってきた関係で，重度知的障害者を雇用している企業を訪問したり，経営者の方々と交流する機会に恵まれた。なかでも東京都下のある企業の訪問は，結果と

して，私のキャリア（生き方）の構築の節目となった。重度知的障害を持っていた人がその会社の経営者と出会い，いろいろな挑戦の機会を与えられたことで，一人前の職場のリーダーとなって，後輩の実務指導ができるようになるにつれて，自立した社会人としての社会性も発達していった。その経営者は，無断欠勤する障害者に対しては，「あなたが休むと仕事が止まってしまい製品ができないし，他の従業員も仕事ができなくなる。あなたは大切な人なのだ」と話しながら，実際作業が滞る事実を示したところ，それ以来欠勤しなくなった，というご自身の貴重な体験も話してくれた。

　私は，この経営者とのたった一回の出会いを通して，人を指導する立場にある者として，「人を大切にする」ことを観念ではなく，行動化することに意味があることを知った。また，「人はだれでもすべて，発達する」という信念を自分の力で獲得したという感覚を得た。この経験を通して，「一人一人の発達を信じて，積極的にかかわり，発達を促す人と環境（社会）が不可欠である」というカウンセリングの精神と行動の意味に改めて気づいたのである。それ以来，私は，特別支援学級を訪問したりするときには，普通学校を訪問するときと同様，児童生徒に話しかけるよう心掛けるようにした。そのおかげで，私の方からコミュニケーションをとれば，必ずつながりができることを経験できるようになった。

　私はリハビリテーション・カウンセリングが専門ではない。しかし，カウンセラーとしての教育を受けていた大学院時代に，リハビリテーション・カウンセリング専攻の人々と机を並べ，カウンセリング心理学の基礎やグループダイナミックス，実習

の基礎等の授業を一緒に学んだ。そのなかには友人となった人もあり，修了後，病院でリハビリテーション・カウンセラーとしての職に就いた人もいる。そのような人々を通して，障害者の職場探し，就職・就業の支援，職場適応の支援，雇用主支援等がリハビリテーション・カウンセラーの大きな任務となっていることを知った。しかし，それらは表面的な働きであり，障害を持つ人だからこそ，社会とのかかわりを支援し，社会の中で自立し発達していくために，カウンセラーは何ができるのか，と追い求めるのがリハビリテーション・カウンセラーの行動を決めているということを学んだ。

　私も，カウンセリング心理学を専門とするものとして，「人および社会とかかわりを持つことが個人に存在感を実感させ，成長を促すことに不可欠である」という理念がカウンセリングという専門の存在意義であることを確信している。おそらく，障害者は，「社会とのかかわり」を通して得られる利益を享受する機会が，健常者より数倍も少ない状態に長いあいだ置かれてきたと思う。その原因は社会環境の方にあった。幸い，日本でも，企業における障害者の雇用率を法制化することなどにより，やっと障害者を受けいれる社会的環境作りが始まったと思う。法律は最低条件の整備として不可欠ではある。しかし十分ではない。法律を効果あるものとするためには，「人の意識と行動の変化」が求められると思う。日本では，まさに，人の意識と行動に働きかけられる専門家としてのリハビリテーション・カウンセラーの現代的意義がいっそう強くなると思う。

　障害者支援の在り方に関心を持っていた私は，「障害者の社会参加が彼らの全人的発達に不可欠ではないか」という思いを，

専門家の方々に話し，リハビリテーション・カウンセリングの在り方についても相談したことがある。私の思いを共有できる人とも出会った。しかし，ひとつ越えられない壁があることに気づいた。それは，「カウンセリング」についての理解に乖離があったことである。多くの方には，カウンセリングを個人的な相談という技法としてしかとらえていただけず，すでにリハビリテーション分野でも実践しているという回答であった。障害者の話し相手になり，障害者の悩みに寄り添うこと，希望をかなえることに終始している結果，障害者を依存的にしてしまうカウンセラーも少なくないという批判も受けた。

　他方，職業リハビリテーション・カウンセリングについては，適性に合った職業を見つけること，あるいはそのための査定をする人というイメージが強かった。確かに障害者の支援は，社会にも働きかけなければならないし，障害者の環境作りも重要であるが，障害者自身の心理的発達を支援できなければならない，という意味では他のカウンセリングと違いはないはずである。ここでも，カウンセリングについての誤解が，リハビリテーションにおけるカウンセラーらしい活動を妨げている現実を見た。

　このような体験から，「リハビリテーション・カウンセリングについて，専門的な知識を紹介することが，障害者にとってはもちろんのこと，いろいろな方面から障害を持つ人の自立支援に当たられている人，そして，雇用主にとって意味がある」という強い思いがよみがえった。そして，日本社会では，いろいろな課題を持ちながらも，障害者自立支援への関心は高まっている現在，リハビリテーション・カウンセリングの精神と

独自性を理解することは意義深いと確信し，アメリカにおいて，リハビリテーション・カウンセラーとしてアメリカの障害者とその保護者などの関係者の支援に当たってきた著者の体験は，私たちの計画当初以上に，社会的意味ができてきたと判断し，執筆を再開した。

そしてこのたび完成をみることができた。長年日本のカウンセリング界の発展を心にかけてくださったナカニシヤ出版の社長中西健夫氏をはじめ，ある意味で冒険とも判断されうる本書の内容をご理解くださった宍倉由高編集長様と山本あかねさんの辛抱強いご援助に衷心より感謝申し上げたい。また，本書の内容，構成についてご指導くださったボストン大学の先生方，著者の執筆活動を陰で支えてくださった著者の家族に心よりお礼申し上げる次第である。

　　　　　　　　　　　　　　監修者　渡辺三枝子

目　　次

はじめに　*i*

第1章　障害を持って生きるということ―――――1
　第1節　日本に生まれた人とアメリカに生まれた人　1
　第2節　両国の比較　14

第2章　リハビリテーション・カウンセリングの根底に流れる理念――――23
　第1節　なぜ理念が重要なのか？　23
　第2節　リハビリテーション・カウンセリングの燃料　29
　第3節　リハビリテーション・カウンセリングのハンドル　35
　第4節　リハビリテーション・カウンセリングのエンジン　40

第3章　リハビリテーション・カウンセリングを動かす四つの車輪――――45
　第1節　障害者自身の動き　45
　第2節　政策の発展　54
　第3節　専門家の拡充　60
　第4節　社会の特質　65

第4章　リハビリテーション・カウンセラーのアイデンティティ――――71
　第1節　リハビリテーション・カウンセラーはなぜキャリアに焦点を当てるのか？　71

第2節　リハビリテーション・カウンセラーの機能　75
　　第3節　リハビリテーション・カウンセラーの働く場と隣接領域
　　　　　との違い　84

第5章　リハビリテーション・カウンセラーの教育――89
　　第1節　リハビリテーション・カウンセラーの教育体系　89
　　第2節　リハビリテーション・カウンセラーに求められる知識と
　　　　　能力　91
　　第3節　リハビリテーション・カウンセラーの倫理教育　98

第6章　リハビリテーション・カウンセリングの事例――109

引用文献　145
索　引　149

第1章

障害を持って生きるということ

第1節　日本に生まれた人とアメリカに生まれた人

(1) 日本に生まれた人

　N子が生まれたのは1970年の夏である。自営業を営む父と専業主婦の母の間に第二子として生まれた。3歳年上の兄がおり，4人家族，ごく一般的な家庭だった。ただ一つほかの家庭と違うのは，N子には先天性の障害があることだった。出生時の事故による脳性マヒというのがN子につけられた診断名であった。つまり，母親がN子を出産するときに何らかの理由でN子の脳に損傷が生じて，身体の機能に障害をもたらしたのである。

　N子の障害はごく軽度の左側マヒである。具体的な症状は，左手のすべての指が動かせない。左足をややひきずって歩く。医者には「治療の余地がない」と言われたので，通院もしなかった。歩行訓練や作業療法などのリハビリテーション（機能回復訓練）を受けたこともない。傍目には気がつかない程度の軽いマヒである。しかし，それはN子の人生に大きな影響を与えてきた。

　その影響はたとえば日常生活のさまざまな部分に観察でき

る。左指が使えないため，結局ほとんどの動作を右手一本で行わなければならない。外に出るときは，早く歩くことはできない。階段の上り下りも苦手である。重いものを持って歩けない。車の運転など考えてみたこともない。自転車は左右のブレーキを切り換えて乗ることができるが，バランスをくずして自転車ごと転倒するときもある。家の中でもできないこと，あるいはゆっくりとしかできないことはたくさんある。料理をするにもキャベツの千切りとか，キュウリの輪切りとかいった細かい作業はできない。おにぎりを握ることもできない。皿洗い，洗濯はゆっくりとやる。アイロンかけは苦手である。コンピューターの入力は右手だけを使って行う。何をするにもそうなのだが，右手に負担がかかるため右手首が腱鞘炎になって痛む。

そんなＮ子にとっての学校生活は，決して楽しいものではなかった。とくに，体育や音楽，家庭科などのような実技を伴う教科では，課題をこなせないことが多く，悔しい思いをした。そのような体験がもとで，自分に対して強い劣等感を抱くようになった。Ｎ子の両親は「できることとできないことがあるんだから，できることをがんばりなさい。できないことをできないと認めるのは悪いことではないんだ」とＮ子に言って聞かせたが，Ｎ子はそれを受け入れられなかった。同級生たちのＮ子を見る目は冷たく，それがますます事態を悪化させた。たとえば，「チュウキ，チュウキ」と笑われたり，動きが鈍いとバケツをかぶせられてからかわれたこともある。音楽の時間はほかの生徒がリコーダを吹くなか，一人ピアニカを吹かされたので，明らかに音が違い，そのことでまたいじめられた。

Ｎ子の両親は何回も事態の改善を学校側に掛け合ったが，何

も変わらなかった。学校は，障害が軽度だという理由で配慮をしようともしなければ，このいじめを気にとめようともしなかった。聞く耳を持たない学校に対してできることは限られていた。両親にとってはあきらめて引き下がること，Ｎ子にとってはひたすら耐えることが最善の方法だったのである。

　成長するにつれてＮ子は自分の障害を隠すようになった。障害を知らせても，とくに配慮してもらえるわけではない。かえって好奇の目で見られるだけである。この程度の軽い障害だから何のサポートも要らないと勝手に判断される。あるいは逆にいじめられるのが落ちである。そのような否定的な考え方がＮ子を自分の障害について語らない人間に育てた。障害を明らかにすることは「無駄な闘い」を挑むようなものに感じられた。障害を隠して何もないふりをした方がずっと楽だったのである。

　高校を卒業した後，Ｎ子は東京都内の一流大学と評される大学に進学し，経済学を専攻することにした。「できることをがんばりなさい」という親の励ましに応えたためと，自分の劣等意識を克服するために必死に勉強したせいか，学業成績は非常によかった。友達もたくさんできた。しかし，Ｎ子の障害について知る友人はほとんどいなかった。気づいたのかもしれないが，直接Ｎ子に尋ねる人はいなかったし，Ｎ子もあえて語ろうとはしなかった。

　４年間はあっという間に経過した。成績は相変わらず優秀であったものの，学んだことを将来どのように役立てるかを考える機会は少なかった。いざ就職活動をする時点になって，どのような会社で，どのような仕事をしたいのか，あるいはできる

のかわからないでいる自分に気がついた。とくに，障害が仕事にどのような影響を与えるかを考えると不安だった。だからといってどうしたらいいのかもわからなかった。その種の相談をできる人もほとんどいなかった。とりあえず，就職活動の際には障害を公表することを選んだのである。

　障害者雇用促進法で定められた法定雇用率を守るために障害を持つ学生を好んで採用する大企業も多いらしい。それは，企業が障害者に対してオープンな態度を示すためではなく，雇用率を守らない企業として公表されることを恐れるためだとも聞いた。とくにＮ子のような軽度の障害を持つ学生は採用されやすいという。Ｎ子自身は，障害を知ったうえで採用するような企業なら，障害が理由でできない業務があったとしても，それなりの配慮をしてくれるのではないかと期待していた。

　聞いていたとおり，Ｎ子の就職活動は困難ではなかった。軽度の障害を持つことが幸いした初めてのケースだった。世界的に有名な一流企業に入社してＮ子は嬉しかった。今までの努力が報われたような気もした。それも障害者として採用されたわけだから，それなりの配慮があると思っていた。

　しかし，ふたを開けてみると配慮など存在しなかった。Ｎ子が採用されたのは電話の機材を営業販売する部門で，直属の上司はＮ子の障害について何も知らされていなかった。Ｎ子自身も機材をかかえて都内を営業して回らなければならなかった。左手で重いものが持てないＮ子は右手だけでこの機材を運び，左足をひきずりながら必死でノルマを果たそうとした。営業から帰社するとコンピューターへのデータ入力が待っている。これも重い荷物で疲れ果てた右手をさらに酷使しての作業であっ

た。右手は腱鞘炎にかかり、それが徐々に悪化していった。最初は自分の力でなんとか切り抜けてみようと思った。障害を表に出すよりも、隠してやり過ごす方がいい。それはN子が学習した防御対策だった。しかし、それでは長期戦には向かないことに気がついた。右手の腱鞘炎はどんどん悪化していく。病院に行って治療を受けたいのに休みを取る時間がない。

　そこでようやく上司に相談した。上司の反応は案の定冷たかった。N子がその部門にいる限りこの機材の営業をしてもらわなければならず、それができないというならそれはN子が自身で人事部に相談しなければならない、というのが上司の回答だった。上司に期待はしていなかったが、せめて人事部に異動を打診してくれてもいいのではないかと思った。しかし、N子はそれを直接上司に言える状況にはなかった。

　それからN子の孤独な闘いが始まった。まず、人事の誰に相談するかを知るまでに一苦労だった。会社が大きすぎることがこういうときにあだになる。障害を持つ社員の担当者などいないし、採用時の担当者は内部の異動には関与しない。ようやくN子の部門を管轄する人事担当者に状況を説明することができたのは、就職してから1年半後のことだった。担当者は状況を理解したものの、次回の異動まで半年間我慢するようにと言った。

　2年間の営業活動で左手だけではなく右手の機能を低下させてしまったN子は、就職2年後にようやく内勤に回ることができた。しかし、そこで彼女を待っていたのが朝から晩までのデータ入力だった。ますます腱鞘炎が悪化した。人事異動の要望の手段を心得たN子は改めて仕事を変わることを希望した

が，人事の回答は，現在の部署ではキーボード操作のない仕事はない，自己管理するように，ということだった。

　N子はその時点で人事との折衝を断念した。「自己管理」という言葉は，自分で自分の体を守るしかないのだという悲しい現実を思いださせた。それ以来，右手をかばいながらどうにか仕事をこなしてきた。いつまでこうして働けるのだろうかと思いながら，それでも就職して10年以上になる。いまだに彼女が自分の障害について打ち明けて話ができる人は職場にはいない。

　N子が自分の障害について語らないのは，職場だけには限らない。親とも障害のことを話しあったことは少なく，ましてや結婚した相手とはこの話題を避けていたようなところがある。夫はN子の障害が何であるかも知らなかったのではないかと思う。二人だけの生活のときはそれでなんとかなったが，二人の間に子どもが生まれたとき，均衡が崩れた。オムツを替えるのもゆっくりしかできない。お風呂に入れてあげることもできない。とっさのとき子どもを抱き起こせない。N子だけの力でできないことが多く，夫の援助が必要だった。なのに，自分ができないことを夫に打ち明けることができなかった。夫は黙っていても手を差し伸べてくれるようなタイプの人間ではなく，必然的にN子は窮地に陥った。振り返ると，障害のためにできないことがあると打ち明けることによって夫に嫌われることを恐れていたのだと思う。それだけ夫も自分自身も信頼していなかったのであろう。

　結局，N子が助けを求められたのは実家の両親だった。子育ての援助は親から得られたものの，夫婦の間の基本的な問題は

解決できなかった。しかも，夫は子育てに参加しようとしなかった。N子だけが仕事と子育てと家事の間で奔走して疲れ果てていった。夫婦の間の溝は広がり，結局離婚することになった。

　障害を持って生まれてきたことをN子は否定的にとらえている。選択肢が狭い。就職，住居，生活のいろんな側面での選択肢が限られている。その割には学校でも職場でも地域でもサービスを提供してもらった記憶はない。結局，自分一人で闘わなければいけなかった。子どものころは親が一緒に闘ってくれたが，それが負担になる場合も多かった。高校までは同級生にいじめられた。大人になってからはいじめはないものの，生活のしにくさ，仕事のしにくさはかえって強くなったような気がする。N子の障害を理解して，味方になって闘ってくれる人が少ないからである。それは，N子が障害を隠すことを選んできたためでもあるが，なによりも障害を理解し，援助しようとしない社会の仕組みがそうさせたのである。

(2) アメリカに生まれた人

　Aが生まれたのは1970年の夏だった。公立高校の教師である父と，専業主婦の母との間に育った。父はしつけには厳しいが，たくましくて頼りになる人だった。母はやさしく，子どもの希望は無条件にかなえてくれるような人であった。Aは三人姉妹の長女で，子どものころから二人の妹を含めて他の人の世話をするのが好きだった。強い絆で結ばれた家族の中で，Aは平穏な少女時代を過ごした。

　しかし，この平和に転機が訪れる。Aは幼児のとき小児性リ

ューマチと診断され右足の膝の手術を数回にわたって受けたことがある。それ自体はAにとってさほど苦痛ではなかった。ところが14歳になって，その手術を受けた部位に悪性腫瘍ができているのが発見されたのである。術後に腫瘍ができる症例は少なくないという。一週間後に緊急で右足膝上切断の手術が執刀された。幸い手術は成功して，悪性腫瘍はすべて取り除かれた。引き続き放射線治療を受けて，現在に至るまで再発はない。

　生命の脅威にさらされていないものの，切断された右足は当然ながらそのままである。二足歩行ができないわけだから，常に二本の松葉杖を使って歩く。それでも長い距離を歩くことができないので，必要に応じて車椅子も使う。いずれの場合も重いものを持ち運ぶことはできない。ちょっとした段差なら何とかなるが，階段の上り下りはできない。エスカレーターも苦手である。だから，エレベーターのないところには行けない。車はAにあわせて改装されているので運転はできる。しかし，人ごみの中に出るのは苦手なので，結局出かけられるところは限られている。

　家の中でもやりにくいことはたくさんある。掃除や片付けはそのいい例である。杖を手放しては移動できないAにとっては，掃除機をかけながら歩くことはできないし，立ったままで物をしまうこともできない。料理をするにも冷蔵庫と流しの間を何回も行き来して一つ一つの材料を運ばなければならない。時間がかかるし，体も疲れる。シャワー，洗面，着替え，そして皿洗いのときには椅子を使う。

　今はそんな生活にも慣れているが，切断当初は葛藤の連続だ

った。放射線治療ですっかり体力が弱っているところにリハビリテーション（機能回復訓練）を強いられた。二本の松葉杖による歩行訓練は，足を喪ったのだと実感させた。なぜ自分だけがこんな思いをしなければならないのかと怒りを覚えた。14歳という微妙な年頃でもあり，人がどのように自分を見るかも不安で仕方がなかった。

　そんなAを支えてくれたのは両親だった。入院当初はいつもそばにいてくれた。母はうるさいくらいに医者に質問を浴びせかけては，娘が必要な治療とケアを受けているかを確認した。父はAが通っていた中学校をはじめ，市役所，保険会社といろんなところに足を運んでは，Aの今後の生活をより安定させるための橋渡しをした。とくに支えられたと思うのは，両親がAの自信を育てるメッセージを常に与えてくれたことである。「足の一部を失っても自分は今までどおりの存在であり，変わらない個性と資質を持っているのだ」と。

　放射線治療が終わって学校に戻ったとき，クラスメイトは拍手と歓声で迎えてくれた。教室を移動するときには必ず友達の誰かがAの荷物を運んでくれた。高校教師である父が先回りして手を打ってくれていたこともあって，学校の受け入れ態勢は整っていた。高校を卒業するまで学校の負担で毎日タクシーで通学できた。これは，本来スクールバスで通学できるにもかかわらず，スクールバスの乗車口のステップがAが利用できるものでなかったためである。また，治療のため休んでいた期間の穴埋めをするために，これも学校の費用で家庭教師を雇ってくれた。そのうえ，教師たちはいつもAの努力と頭の良さをほめ，励ましてくれた。そのためかAの成績は常に優秀だ

った。

　その一方で，疎外感や劣等感を味わうときも多かった。クラスメイトはAが学校にいる間はそばにいてくれたが，パーティーに呼んでもらえなかったり，スキー旅行に誘ってもらえなかったりもした。Aは彼らが本当の友達なのかといぶかった。受容と拒絶の二重メッセージである。それは今も障害者として社会に生きるうえで感じる対応である。

　こうした友達からの対応が，Aの障害受容を困難にさせた。アメリカの女子中・高生にとっては，「クール」であることが人生最高の目標なのである。友達に「クール」だと認めてほしい，受け入れてほしい，その一心でAは足のないことを隠そうとした。義足を使えば足があるふりができるのではないかと期待した時期もある。しかし，思うようにはいかなかった。義足を使っても杖がなければ歩けないことには変わりがなかった。そして，足がないことにも変わりがなかった。大学に入るころになって，Aは義足を使うことをあきらめた。義足の調整がうまくいかなかったのが一番の理由だが，それがかえって障害をありのままに受け入れようという姿勢をAの中にはぐくんだのである。

　大学進学という大きな一歩を踏み出したことへの自信も，自分はこのままでいいのだ，障害がないように装わなくてもいいのだという気持ちにさせた。Aが進学したのはその地方で一流とみなされる私立の大学である。成績が非常に優秀だったため，Aの入学は難しくはなかった。その当時は弁護士になりたいと思っていたAは，法学部に進んだ。Aの進学を全面的にバック・アップしてくれたのが，Aが住む州のリハビリテーシ

ョン・カウンセリングの団体である。Aを担当したリハビリテーション・カウンセラーは，授業料と教科書代の一部を公費で負担するように手続きしてくれた。障害を持つAが仕事に就くために必要な教育を受けているわけだから，そのための費用は国と州のリハビリテーション・カウンセリング予算でまかなわれるべきものなのである。

　こうして学費の一部を負担してもらえることはAにとってありがたかったものの，彼女が勉学に励むためにはいくつかの壁があった。一つは通学である。高校にはタクシーで通ったが，大学はそこまでの面倒はみてくれない。かといって公共の交通機関を使用するには危険が伴う。自分で車を運転できればよいのだが，右足のないAには普通の乗用車は運転できない。もう一つの問題はコンピューターの利用だった。大学にはコンピューター・センターがあって，ほとんどの学生がそこで課題に取り組んでいた。しかし，そこはAが普段授業で使用する建物からは離れていたし，センターの中はコンピューターが所狭しと配置されていてしかもプリンターは部屋の隅にしかない。Aには使いにくい施設であった。かといって，自分でコンピューターを買うほどの経済的ゆとりはAにはなかった。

　そこでAはリハビリテーション・カウンセラーに事情を話してみた。右足切断直後に父が必要なサポートを求めていろんな団体と掛け合ってくれたことを思い出したからである。自分が必要なサポートは，自分で求めていかなければならない。思いのほかうまくいった。Aを担当するリハビリテーション・カウンセラーは，Aがコンピューター・センターに行かなくても課題ができるように，自宅用のコンピューターを即座に買っ

てくれた。また，コンピューターほどスムーズにはいかなかったが，車での通学が可能になるようにもしてくれた。Aの母親が使っていた車を，左足だけで運転できるような装置をつけて改造する手配を整えてくれた。そのうえ，Aがその車で安全に運転できるようになるための訓練を受けさせてもくれた。それもすべて公費でまかなわれた。

　Aは自分のために差し伸べられる手の存在がうれしかった。また，自分で求めていけば道は切り開かれるということを信じられるようにもなった。それは，「やりたいことをやりなさい。応援するよ」という社会からのメッセージのようだった。

　大学時代はよく勉強し，働き，遊んだ。学期中は山のような課題との闘いだったが，週末には友達と遊びに行く時間があった。また，それができる友達も何人かできた。夏休みには，Aが住む市の市役所で事務職のアルバイトをした。この市役所では福祉事業の一環として，障害を持つ学生アルバイトを夏の間だけ募集していたのである。障害を持つ学生が安心してアルバイトができる場は少ない。それを市が提供するというプログラムである。Aにとっては，遊ぶ金を稼げたと同時に，自分の将来の仕事について考えるよい機会となった。

　Aは当初，弁護士になりたいと思っていたが，それが自分にとってよいキャリア選択なのかを考え始めた。弁護士になれば，あちこちに調査で出かけなければならない。頻繁に法廷に立たなければならない。この足でそれが可能なのだろうか。実際に市役所で働いてみて，それから選択の基準を障害の状態を加味して考えるようになった。どんな仕事をするのか。自分には何ができて何ができないのか。今のままの機能で働ける環境はど

んなものか。選択肢はほかの人に比べて限られていたが，逆に選択肢をうまく利用するすべを身につけた。そして，カウンセリングの道を選んだ。座ったままでほとんどの仕事ができて，しかも，人を助ける仕事をしたいというAの希望，そして共感的理解ができるというAの資質を生かせる職業である。

Aは大学院に進学して，カウンセリング心理学を専攻した。大学院在学中にインターンとして働いたクリニックにそのまま就職することができた。職場はAが働きやすい環境を整えるようにいくつかの配慮をしてくれた。たとえば，Aがクリニックの中を歩き回らなくていいように，一番便利な場所にある部屋にAのオフィスをしつらえてくれた。また，車での通勤で渋滞に巻き込まれないようにと，勤務時間を通常より早い時間にシフトしてくれた。カウンセラーとしての仕事は普通にこなしている。働き始めて10年以上が経った今でも，誇りを持ってこの仕事をしている。Aは自分のキャリア選択に満足している。障害が文字どおり障害にならない。そのうえ，自分の資質と経験を生かせる職業に就くことができた。

Aは結婚生活にも満足している。夫は障害を含めたAの個性と資質を理解して，受け入れている。しかし，それに至るまでは長い道のりだった。大学生のとき初めてデートする相手ができた。彼の両親は障害を持つ女性とのデートに反対しており，それが原因でその彼とはうまくいかなかった。その後何人かの男性とデートをしたが，多くは彼女を片足で判断し，利用した。本当の自分を見てもらえないようだった。それがいやで誰ともデートしない時期が長く続いた。でも，夫はそうではなかった。彼はデートし始めたころこう言った。「足が2本でも，1本でも，

あるいは0本でもかまわない。君は頭がよくて，強くて，前向きで，人なつっこくて，ユーモアがあって，だからボクは君が好きなんだ」。彼が足などは見ていないことに気づいて感動した。

　Aは障害を持って生きることについて肯定的にも否定的にもとらえていない。障害を持って生きていくのは確かに闘いである。だからといって，それが自分の人生の質を下げているわけではない。Aは，障害があっても十分なサポートが受けられ，自分がそのサポートを求めていくことができれば，それなりの人生を歩んでいけると確信しているのである。

第2節　両国の比較

　第1節で日本とアメリカとに生まれた二人の実在する女性のストーリーを書いた。障害の状態や発症の経緯は異なっているものの，二人とも30代後半の障害を持つ女性である。この二人の女性は，日本とアメリカという別々の国に生まれたために，随分異なった人生を歩んでいる。アメリカに生まれたAがさまざまなサポートを受けて充実感を味わいながら仕事をしている一方で，日本に生まれたN子はほとんどサポートがない状態で，仕事でも私生活でも孤立してしまっている。こうして本書の最初に実例を取り上げたのは，日米間に歴然として存在する違いを実感するためである。そして，この節ではその「違い」が何であるかを具体的に考察する。良い悪いではなく，日米間の違いが何であるかを知ることは，日本人としてアメリカのシステムに学ぶ第一歩となる。

日本とアメリカで何が違うのか。第一に，障害者自身の姿勢が異なっている。障害を持った自分の状態をどのようにアピールしていくかの根本的な態度が相違しているように思われる。確かに右足膝上切断というAの障害と，左側不全マヒというN子の障害は異なっていて，その障害の違いが二人の態度の違いを生んでいるとも考えられる。しかし，単なる障害の違いだけではなく，もっと根深いところからこの二人の態度の相違は発生している。

　具体的に言えば，N子がサポートを求めるのをためらいがちなのに対して，Aは積極的に自分の生活を改善するためのサポートを手に入れようとする。この態度の差の要因はいくつか考えられる。たとえば，N子は障害を隠そうとしている一方で，Aの障害は隠しようがないものだから，Aがよりサポートを求めがちになるのは当然とも言える。また，求めるべきサポートが日本にあまり存在しないことも，N子がサポートを求めない原因になっている。しかし，サポートを求めようとしないN子の気持ちの底には「求めても何もしてもらえない」というあきらめがある。

　心理学の専門用語に「学習性無力感（learning helplessness）」という言葉がある（Vandenbos, 2006）。これは動物の実験から発生した概念である。オリの中に閉じ込められた犬は最初は飛び跳ねたり，体当たりしたりしてオリから出ようと画策するが，やがてそれが無理だと気がつきあきらめる。その後オリから出られるように設定が変更されたとしても，一度あきらめた犬はオリから出ようとする努力自体をしなくなってしまうのである。

　この学習性無力感は，はなからあきらめてサポートを求めな

くなってしまったＮ子の態度を説明できる概念である。サポートを求めても応えてくれない学校，企業，福祉行政に失望し，求めること自体をあきらめてしまうのである。たとえば，Ｎ子は車の運転ができないとはなから決めこんでいる。「障害者用に改装された車なら自分も運転できるかもしれない」という発想などないわけである。ＡがＮ子の立場だったら，即座に自分で運転してどこでも行けるようになるために車の改装をするサポートを求めていっただろう。

　Ａは正当に求めればサポートが提供されると確信しているため，困ったことがあれば相談する習慣が身についている。また，相談できる人もいる。だからといって，無謀に何でも要求するわけではない。自分にできることはきちんとしたうえで，それでも手の及ばない部分に援助を求めている。自分の環境をよくしていくための努力をおこたらないのである。

　第二の違いは社会の受け入れ態勢にある。サポートを提供することによってＡを受け入れようとするアメリカの社会と，手を差し出さずにＮ子の側に適応させようとする日本の社会には大きな差がある。

　たとえばＮ子の通っていた学校は，障害が軽度であることを理由にして彼女に何のサポートも提供しなかった。一方，Ａが通っていた学校は，彼女が通学できるようにタクシーを用意し，遅れていた学科に追いつくために家庭教師も派遣した。これは日米間の違いではなく，二人の障害に基づく違いだという議論もあるだろう。しかし，やはり基本的な違いは日米の受け入れ態勢の違いにある。Ｎ子がアメリカの学校に通っていたらどうなっていたかを考えればこの日米の差は明らかになるだろう。

アメリカでは，障害を持つ児童・生徒や学生が勉強をしやすい環境を整えるのは学校の責任と法律で定められている。N子が左側不全マヒのために学校で物理的に一番苦労したのは「書く」ことだったという。ノートを取るとき，テストの答案を記入するとき，右利きのN子は右手で鉛筆を持つが，左手には紙を押さえる力がない。授業中にノートを取るときはまだしも，時間制限のあるテストのときは不安定な解答用紙を相手に格闘し，気持ちが焦るばかりだった。アメリカの学校では，障害を理由にN子がテストに集中できなかったり，解答時間が足りなくなってしまったりすることは問題になる。この問題を解決するために学校は解決策を考えてそれを実施しなければならない。具体的には，作業療法士がN子の筆記能力を診断して，必要に応じてテスト時間を他の生徒，学生より長く設定したり，代筆者を用意したりというサポートを提供する。日本でこのようなサポートを一人の生徒に提供すると，「一人だけ特別扱いしている」という批判を受けそうである。しかし，アメリカではすべての生徒を同じように扱うのが公平なのではなく，生徒の条件に合わせて環境を改善するのが公平なのである。

　同じことが職場での配慮についてもいえる。アメリカでは，障害が障害とならないようにサポートを提供するのは雇用主側の義務なのである。N子の最初の配属先である営業は，まさに彼女の障害が彼女の業務の障害となる。アメリカの企業であれば，N子の資質を生かせる任務にN子をつけるだろう。障害の有無にかかわらず，適材適所というのがアメリカ企業の考え方である。また，コンピューターを使ってデータ入力することもN子の障害が障害になる業務である。アメリカの企業は，

それが障害にならないようにするためのサポートを提供しなければならない。それは可能なサポートである。たとえば、右手でしかキーボード操作ができない人たちのために作られた特殊なキーボードがある。通常のキーボードとほとんど変わりないが、キーが円心状に広がっていて、一本の手だけでもキーボード全体に指が届くようになっている。しかし、右手が腱鞘炎で痛むところまでいってしまったN子には、音声認識のプログラムが有効だろう。マイクを通じてコンピューターに声をかけることによって、データ入力やあらゆる操作を可能にするソフトウェアである。つまり、手を使わなくてもデータ入力の業務が無理なくできるのである。アメリカではこのソフトウェアは腱鞘炎を含めた手に障害がある人たちによって広く使われている。これらのキーボードやソフトウェアは雇用主の負担で購入される（Moulton, 2002）。こうしたサポートを職場から受けていたら、N子の就職してからの10年はどれほど肉体的、かつ精神的に楽だっただろうか。

　アメリカ社会が障害者を受け入れるような仕組みになっている背景には、アメリカ政府によって実施されてきた政策がある。アメリカとて障害者に対する差別がまったくないわけではない。また学校や企業が障害者に適切なサポートを提供するようになるに至るまでさまざまな紆余曲折があった。しかし、アメリカには障害者の権利を擁護し、自立生活を促進する複数の法律とその成果としてのシステムがある。こうした政府による積極的な障害者自立政策の有無が日米間にある第三の違いといえる。

　たとえば、Aの学校が彼女に通学のためのタクシーを提供したのは、1975年に試行された「Individuals with Disabilities

Education Act（障害を持つ個人のための教育法）」で，「障害を持ったすべての子供たちが障害のために制約を受けることなく教育を受けられるようにするのは州あるいは学校の責務である」と謳われているからである。また，Aが受けたリハビリテーション・カウンセラーからのさまざまな支援は，「リハビリテーション法」の中で規定されているものである。このリハビリテーション法は，第一次世界大戦後の復員兵を対象にしたリハビリテーションに始まり，以来90年にわたって幾度となく改定されてきた。つまり，アメリカにおいてこの法律なくしては，リハビリテーション・カウンセリングのシステムは発展し得なかったといえる。

　最後に第四の相違点として専門家の存在が挙げられる。Aがアメリカでリハビリテーション・カウンセラーをはじめ，さまざまなリハビリテーションの専門家の介入とサポートを受けてきたのに対して，N子の人生に登場するリハビリテーションの専門家は皆無である。改めて言うが，これはN子の障害がAよりも軽いためではない。日本のリハビリテーションの専門家は，それぞれが価値ある仕事をしているにもかかわらず，絶対数として少ないのである。たとえば日本の言語療法士はリハビリテーション専門病院に行けば会える程度の普及率だが，アメリカの言語療法士は病院だけではなく，各公立学校にも複数配置されている。日本では，専門職の種類もアメリカに比べて少ない。本書で主に取り上げるリハビリテーション・カウンセラーという職種は日本にはない。また，前に述べた障害者用のコンピューターのキーボードやソフトウェアを開発する仕事をしている人は日本にもいるが，アメリカのリハビリテーション・

エンジニアというように，確立した専門領域としては存在しない。その分，日本の障害者が受けられるサポートは少なくなる。

　仮に，N子がリハビリテーション・カウンセラーのサポートを受けられていたらどうだっただろうか。リハビリテーション・カウンセラーはまず，N子が障害を加味した適切なキャリア選択ができるように，N子にキャリア・カウンセリングを実施しただろう。そして，N子が選択したキャリアを目指せるように，必要な教育や訓練のための経費をリハビリテーション・カウンセリング予算から支出しただろう。さらに，就職後はN子が働きやすい環境を整えるように雇用主を指導，教育することができただろう。

　これらの四点，すなわち障害者自身の動き，社会の受け入れ態勢，政府によって施行されてきた法律や制度，そして専門家の働き，がアメリカと日本の障害者の生活を大きく異ならせている要素と考えられる。

　一つ一つの要素のあり方が日米で異なっているのはいうまでもないが，一番重要なのは，この四要素の相互関係が異なっていることにある。もっと言えば，アメリカの障害者，社会，政府，専門家はともにリハビリテーション・カウンセリングを動かしてきた。それはあたかも自動車が四つの車輪で走行するようなものである。四者が同じスピードで，同じ回転をしながら，同じ方向に向かっていく。これがアメリカのリハビリテーション・カウンセリングを現在の状況まで発展させてきたのである。残念ながら，日本のリハビリテーションにはアメリカほどの発展は見られない。だからと言って日本にこの四つの要素が欠けているわけではない。日本の障害者も自立を目指して運動して

きた。社会も障害者を受け入れる努力をしてきた。政府も法律施行によって障害者の権利と機会を拡張しようとしている。専門家もそれぞれの分野で懸命に障害者をサポートしている。アメリカと一番異なるのは，これらの車輪が協同して動いていないところにあるのではないだろうか。四つの車輪が一緒に動いていなければ自動車は進まない。それゆえに日本のリハビリテーションはアメリカのように発展してこなかったと思われる。

　どうすれば日本のリハビリテーションを発展させられるだろうか。アメリカの四つの車輪をそのまま日本に持ってくれば自動車は走るだろうか。近年，アメリカのシステムをそのまま日本に輸入しようとする動きがある。「自立促進センター」や「ジョブ・コーチ」がその例である。しかし，アメリカのリハビリテーションをさらに掘り下げると，四つの車輪を動かしている燃料とハンドル，そしてエンジンの存在に気づく。つまり，アメリカのリハビリテーション・カウンセリングは四つの車輪だけで走っているのではない。車輪を走らせている燃料，ハンドルとエンジンがあるからこそ，四つの車輪が一緒に回転するのであり，自動車も前に進んでいくのである。その燃料，ハンドル，エンジンとは，アメリカのリハビリテーションの根底を流れる理念である。理念に裏打ちされてアメリカのリハビリテーション・カウンセリングはここまで発達してきた。その理念を知らずにはアメリカのリハビリテーション・カウンセリングを語れない。

　そこで，次章では，アメリカのリハビリテーション・カウンセリングの根底を流れる理念について述べる。理念を学ぶことによって，アメリカのリハビリテーションが何を目指してきた

かを理解できるだろう。それが理解できたら，四つの車輪の動きも理解しやすくなる。

第2章
リハビリテーション・カウンセリングの根底に流れる理念

第1節　なぜ理念が重要なのか？

　アメリカの大学，あるいは大学院でリハビリテーション・カウンセリングを専攻する際，最初に履修しなければならない必修科目は「理念に関する」ものである。リハビリテーション・カウンセリングにおいて，理念はそれだけ基本的でかつ重要と考えられている。

　なぜ理念が重要なのだろうか。マキとリガー（Maki & Riggar）編著の「リハビリテーション・カウンセリング（Rehabilitation Counseling）」は，その問いに端的に答えてくれている（1997）。この書の第2章ではリハビリテーション・カウンセリングの理念を明確に把握することの重要性が述べられている（Emener, 1997）。その一文を引用すると以下のとおりである。「理念自体がリハビリテーションの問題を解決するわけではないが，明確な理念を有するカウンセラーは，それに基づいて問題を解決する方法を明瞭に考えられる」（Emener, 1997, p.37）。すなわち，カウンセラーがクライエントやクライエントが抱える問題にどのように接するかは，カウンセラー自

身の理念によって影響され,特定されるというのである。そして,この場合の理念とは,生命,人間,人間存在の本質に関するその人の考え,価値観,信念を指すのである。

　上述の「リハビリテーション・カウンセリング」では,さらに,脊椎損傷で四肢マヒとなったクライエントの例を用いて,カウンセラーにとって,理念を体得することの重要性を説明している。たとえば,四肢マヒのクライエントが「こんな体になって生きていたくない」と語ったとしよう。カウンセラーならどのように対応するかを考えてみたい。まず,カウンセラーは,このようなときこそリハビリテーション・カウンセリングの理念に立ち返ることが要求されるのである。たとえば,あるカウンセラーは,身体的に自立できることを重視し,その結果障害を否定的にとらえ,マヒした身体では社会生活を営むことに意味が見出せないと考えているとしたらどうなるだろうか。おそらく,そのように考えるカウンセラーなら,四肢マヒのクライエントが家に閉じこもり,社会から孤立した生活を送ることを奨励するだろう。逆に,障害はその人の一部にすぎないと考え,できる限りの自立を目指すことに価値を見出し,障害があっても学業的にも職業的にも他の人と同様の目標を掲げられると信じるカウンセラーの場合であったらどうだろうか。この場合,カウンセラーは,残された機能を使って生活を送る可能性をクライエントに示すだろう。また自立に役立つ援助は何か,何が必要かを考え,実際にそのような援助を提供するだろう。たとえば,電動車椅子の購入,交通手段の確保,ホーム・ヘルパーの派遣,そして職業訓練の提供などをこのカウンセラーが示唆し,それらを獲得できるように支援したとしたら,その結果と

してクライエントが，以前とくらべて，より自立して生活できるようになることは明らかである。

このように，障害を持つ人を支援しようとするカウンセラーの価値観がどのようなものであるか，何に根ざしているかによって，言い換えれば，どのような理念を持ってカウンセリングを行うかによって，クライエントへの対応が天と地ほど異なってしまうのである。

リハビリテーション・カウンセリングは医学と同様に，人間の生命，生活の微妙なところに接する領域である。ほんのわずかな対応のずれがクライエントの生活の基盤を大きく左右する。つまり，理念と実践は表裏一体なのである。だからこそカウンセラーは，何に根ざしているのか，どの方向に向かっていくのか，どのように進んでいくのかを理念としてしっかり持っていなければならない。

リハビリテーション・カウンセラーの実践の手引きともいうべき「リハビリテーション・カウンセラーのための実践規範」（Scope of Practice for Rehabilitation Counselor）の中には,「根底にある価値観」という項がある（CRCC, 2002）。そこではリハビリテーション・カウンセラーがよって立つべき理念が，次のように解説されている。これはまさにリハビリテーション・カウンセラーが何に根ざしているのか，どの方向に向かっていくのか，どのように進んでいくのかを明らかにするものである。

根底にある価値観

(「リハビリテーション・カウンセラーのための実践規範」より)

1. 障害を持つ人たちの，職域，地域における自立（independence），統合（integration），包括（inclusion）を促進
2. すべての人が尊厳と価値を有するということへの信念
3. すべての人が有するべき権利と特権を平等に享受できるように配慮（accommodate）するという考え方の尊重，およびこの状況を獲得すべく，障害を持つ人たちが主張（advocate）し，社会的な力をつけられる（empower）ように支援すること
4. 人間の機能の全体性を下記の手段によって尊重すること
   a. 職域間での協働
   b. 統合的な視点に基づいたカウンセリング
   c. 個人を家族システムの中，地域の中で捉えようとするアプローチ
5. 個人の資質に焦点を当てることの重要性への気づきを持つこと
6. クライエントとカウンセラーの合意による統合的，総合的なサービスの提供を実現すること

　この「根底にある価値観」という項目の内容に目を通すと，リハビリテーション・カウンセリングの理念が何であるのかが伝わってくるはずである。すなわち，リハビリテーション・カウンセリングは，障害の有無にかかわらず，すべての人が平等に社会の一員として生活を送れるはずである，という信念に根ざした支援過程である。カウンセラーはこの信念を実現するために，カウンセリングやチームワークなどさまざまな手法を用いて，障害者を支援し，勇気づけ，障害者自身が力をつけていけるように介入する。言い換えれば，この「根底にある価値観」

でいう理念はカウンセラーの実践活動の基本的指針となるので，この意味を理解していれば，カウンセラーとしての実践的方針が明確になるはずである。

　アメリカでこのようにはっきり理念について謳われているのは，確固とした理念が常に存在してきたからではない。どちらかというと，明確になっていなければ忘れてしまいがちだからこそ，しっかり肝に銘じるように理念が言語化されているのである。アメリカとて障害者にとって天国であるとは言えない。障害者が差別されている場面はそこここにある。だからこそ専門家であるリハビリテーション・カウンセラーが確固とした理念に基づいて実践を行っていくことが大切なのである。

　第1章の最後で，アメリカのリハビリテーション・カウンセリングを自動車の車輪にたとえて説明した。つまり，アメリカのリハビリテーション・カウンセリングは，障害者，社会，政府，専門家の四者を一つ一つの車輪とした自動車のようであり，四つの車輪を成す四者のうちの一つでも欠けたならリハビリテーション・カウンセリングという自動車は動かない。

　ここで，理念についての理解を容易にするために，理念を自動車の機能にたとえてみたいと思う。まず，上述したリハビリテーション・カウンセリングの最も根底にある信念は，自動車にたとえれば，ガソリン燃料である。「根底にある価値観」に当てはめると，「1. 障害を持つ人たちの，職域，地域における自立，統合，包括を促進する」および「2. すべての人が尊厳と価値を有するということへの信念」とが，自動車を動かす「燃料」にあたる機能を果たすと考えられる。すなわち，すべての人が尊厳と価値を有するという信念に基づき，障害を持つ人の

自立，統合，包括という考え方に根ざして進んでいく。

　次に，自動車の進む方向をコントロールするハンドルの機能にたとえられるのは，「根底にある価値観」の3番目の項目，すなわち，「すべての人が有するべき権利と特権を平等に享受できるように配慮（accommodate）するという考え方の尊重，およびこの状況を獲得すべく，障害を持つ人たちが主張（advocate）し，社会的な力をもつ（empower）ように支援すること」である。

　つまり，障害を持つ人が有する権利を享受できるように，社会がその人たちを配慮するという方向，そして，障害者自身も自分の権利を主張できるように強化されていくという方向に進んでいくことが望まれる。

　そして，自動車の心臓部であるエンジン，すなわちガソリンを燃やしてエネルギーを作り出し，実際に自動車を動かす機能を果たすエンジンにたとえられるのは，リハビリテーション・カウンセリングの「根底にある価値観」のうちの4番目，5番目，および6番目の項目である。上述の4番，5番，そして6番の価値観は，リハビリテーション・カウンセラーの行動にかかわるものである。カウンセリングの理念を理解し，カウンセリングの目標を認識しても，実際にそれらを行動化しなければカウンセリングは実践されたことにはならない。4番目，5番目，そして6番目で示される専門的行動がとれることがカウンセリングの心臓部，すなわち自動車のエンジンにたとえられるのである。

　もちろん，理念というのは抽象的な概念である。それゆえこれが燃料でこれがエンジンというようにはっきりと機能を分け

ることはできない。時には燃料がハンドルの役割を果たすこともあれば、エンジンがハンドルになることもある。

理念が持つこれらの機能の詳細については次節以降で掘り下げて考えることにする。

第2節　リハビリテーション・カウンセリングの燃料

リハビリテーション・カウンセリングの理念の根本は、「人間をどのように見るか」にある。人間にとって何が大切であり、何に価値を求め、何に力を求めていくのか。こうした人間存在の哲学ともいえる価値観がリハビリテーション・カウンセリングの根底を脈々と流れている。それはリハビリテーション・カウンセリングの源、つまり燃料なのである。

前節で取り上げた「リハビリテーション・カウンセラーのための実践の規範」の「根底にある価値観」では、障害を持つ人の自立、統合、包括、そして尊厳と価値、という言葉でリハビリテーション・カウンセリングがどのような価値観を燃料として動いているかを表現している。リハビリテーション教育・研究協会 (Foundation for Rehabilitation Education and Research) という団体が出版した Rehabilitation Counseling: The Profession and Standards of Practice では、「根底にある価値観」よりも細部にわたって燃料の部分、すなわち、理念、について記述している (1990)。そこでは、リハビリテーション・カウンセリングの根底となる哲学として、人間の全体性、目的志向性、ウェルネス、自己責任、独自性、そして機会の均等を挙げている。本節では、この「根底となる哲学」について考察することによっ

て，リハビリテーション・カウンセリングがどのような燃料によって動かされているかを考えていく。

人間の全体性

　日本の医療や福祉の現場でも全人的アプローチの重要性が取りざたされてきた。その人の病気や障害だけに焦点を当てて，それがあたかもその人のすべてであるような見方をするのではなく，その人のいろいろな側面をあわせて全体としてアプローチしていこうというのが全人的アプローチである。「人間の全体性」も同様の意味をもって使われる。全体性というのは，人間の身体的，感情的，精神的側面と，さらに家族，学校，職場，もろもろの環境との関係性も含めた全体としての人間存在である。つまり，クライエントの一部のみを見ているようでは本当に必要な援助を提供できないということである。だから，人間がもっているさまざまな側面に目を向け，全体としての存在にアプローチしていくのである。

　この価値観がリハビリテーション・カウンセリングの実践にどのように反映されているかを考えてみよう。リハビリテーション・カウンセリングの主要な目的は，障害を持つ人が職業に就くためのサポートを提供することにある。だからといってカウンセラーが障害を持つ人の職業的な側面しか見ないわけではない。障害の状態を理解するのはもちろんのこと，その人が今までにどんな経歴を経てきたか，家族はどのような構成になっているのか，家庭や地域で必要なサポートを受けられているか，職場での人間関係はうまくいっているか，経済的に困難はないか，友達はいるか，どんな趣味を持っているか，あるいは心理

的，感情的にどのような状態にあるかなど，その人の全体性を理解していかなければならない。カウンセラーはこうしたさまざまな側面を見て，全体的存在としてのクライエントをサポートする。そこには，人間の全体性を無視しての援助は成り立たないという理念がある。

目標志向性

　目標を設定してそれを達成すべく前進していく。これはリハビリテーション・カウンセリングにとどまらず，一般的なアメリカ人が取るアプローチと思われる。目標を定めることによって目的意識が明らかになると同時に，目標を達成するために何をなすべきかも明らかになるわけである。つまり，目標志向性は人間の進歩と発展を促す。

　リハビリテーション・カウンセリングでは，障害を持つ人が人生における目標を定め，それを達成できるようにサポートする。何を目標とするかは個々人によって異なるが，基本的には身体的，精神的，社会的，職業的，そして経済的に可能な限り自立できるような方向で目標を定める。そして，その目標に向かって進んでいくための具体的な方法を決定し，実行する。たとえば，自動車事故で四肢マヒとなった弁護士が職場復帰を目標に設定したとする。職場復帰のためには電動車椅子の購入，それを使えるようになる訓練，通勤手段の確保，職場環境の改装などが必要になる。これらをすべて整えられてはじめて職場復帰の目標が実現する。また，整えられるようにサポートするのがリハビリテーション・カウンセラーの務めである。

ウェルネス

　ウェルネスとは物理的な心身の健康とは異なり，存在としての健全性を意味する。アメリカのリハビリテーション・カウンセリングの根底には，体や心に障害があったとしても，それを理由にしてウェルネスまでも失うことはないという信念がある。思うように体を動かせることがウェルネスではない。薬を服用せずに一生を終えることがウェルネスではない。人間のウェルネスは物理的な症状によって左右されるものではない。障害を持っていたとしても，平穏で，創造的で，活力と喜びに満ちた生活を送っていけるはずである。

　アメリカ社会には障害によって左右されないウェルネスを具現化した人たちが多くいる。第32代の大統領，フランクリン・ルーズベルトはポリオのために車椅子での生活をしながら，第二次世界大戦時にアメリカを統治した人物である。日本でもおなじみのハリウッド俳優，トム・クルーズは，学習障害で，文字を読むことができない。台本を読めない彼は，人にせりふを読んでもらって記憶するという方法でこれまでの役者人生を送ってきた。これらの例は特別なものかもしれないが，障害によって左右されない人間のウェルネスを証明する例であることに違いはないのである。

自己責任

　これもアメリカらしい物の考え方である。アメリカ人はその建国の精神がそうであるように，独立，自立，自己責任に価値を見出す。すなわち，「自分の生活は自分の責任で築いていくもの」という信念が常に基本にある。リハビリテーション・カ

ウンセリングにおいても，そのプロセスを進展させていくのは，その人自身の自己責任である。リハビリテーション・カウンセラーは，障害を持つ人が人生のさまざまな場面で自分の資源を利用して問題を解決できるようになるのを助けるだけである。クライエントに代わって問題を解決してあげることも，目標設定やその他の選択をしてあげることもない。あくまでも人生の主人公はその人自身であり，その人の自立性と自己責任を大切にしなければならない。

　この理念はときとしてクライエントに厳しい実践のあり方として現れる。カウンセラーは手取り足取りクライエントの面倒を見るわけではないので，面接に現れないクライエント，訓練をサボるクライエントに対しては最終的にサービスの提供を中断することになる。つまり，やる気の無いクライエントの手助けはしないのである。逆に言えば，自分の責任で自分の人生を築いていこうとするクライエントに焦点を当ててサポートを提供するのである。

独自性

　リハビリテーション・カウンセリングは人それぞれの遺伝的，生物学的，心理・社会的独自性に価値を見出し，その人のニーズにあわせたサービスを提供する。人それぞれに独自の資質，個性，目的を持ち，障害への対応も異なって当然である。それゆえ，リハビリテーション・カウンセリングはそれぞれのニーズによって異なるものでなければならない。

　リハビリテーション・カウンセリングの重要なプロセスに，リハビリテーションの計画書作成というのがある。これは，目

的志向性や自己責任の価値観ともかかわるが，障害を持つ人が自分の責任において人生の目標を定め，それを達成するために必要なサービスを記載した計画書である。この計画書は人によってまったく異なり，ひとつとして同じ計画書はない。同じ障害を持っている人たちでも目標はまったく違うし，同じ目標を持っている人たちでも，それを達成する方法は異なっている。これは，人間の独自性を尊重するリハビリテーション・カウンセリングの過程の象徴ともいえる。

機会の均等

　障害を持つ，持たないにかかわらず，すべての人が社会における機会と利益を平等に享受する権利があるということはリハビリテーション・カウンセリングの確固とした理念である。障害があるという条件は，社会参加をはばむものであってはならない。しかし，アメリカにおいてでさえそれは容易ではない。だからこそ，リハビリテーション・カウンセリングは，障害を持つ人が社会生活に参加できるように，とくに仕事を得られるように援助する。

　このように全体性，目的志向性，ウェルネス，自己責任，独自性，そして機会の均等という価値観を一つ一つ見ていくと，アメリカのリハビリテーション・カウンセリングがどのような燃料によって動かされているかがよりわかってくる。

第3節　リハビリテーション・カウンセリングのハンドル

　第1節で取り上げた「リハビリテーション・カウンセラーのための実践の規範」の「根底にある価値観」の3（26ページ参照）をもう一度見てみよう。「すべての人が有するべき権利と特権を平等に享受できるように配慮（accommodate）するという考え方の尊重，およびこの状況を獲得すべく，障害を持つ人たちが主張（advocate）し，社会的な力をつけられる（empower）ように支援すること」。これは，アメリカのリハビリテーション・カウンセリングの方向性を定める理念，すなわちハンドルのような機能を持った理念と述べた。

　アメリカのリハビリテーション・カウンセリングの分野で頻繁に使われる三つのキーワードを挙げると，accommodate（アコモデイト），advocate（アドヴォケイト），empower（エンパワー）である。これらのキーワードはすべてリハビリテーション・カウンセリングの理念を具現化する言葉であり，またこの分野を方向づけてきた概念である。三つの単語が「根底を流れる価値観」の3に登場するのは当然である。興味深いことには，この三つの英単語の意味合いをそのまま伝える言葉を日本語に見出すのは難しい。つまり，これらは日本語にない概念なのである。機械的に日本語に置き換えることはできても，それぞれの言葉が持つニュアンスを伝えるのは困難である。そこで，この節では，これらのキーワードが何を意味し，なぜ重要なのかについて説明することによって，リハビリテーション・カウンセリングの理念が目指す方向を明らかにする。

to accommodate（アコモデイト）

　accommodate の意味を英和辞典で調べると，次のような訳に遭遇する。「1．親切にする，の世話をする，便宜をはかる」「2．…に供給する，充当する，用立てる，融通する」，「3．収容する，収容力がある，を宿泊させる」，「4．…を適応（順応）させる，に調節する」，「5．…を調整する，和解する」。もちろん，3の意味で使われる accommodate はホテルや劇場などの収容機能を示すもので，リハビリテーション・カウンセリングで使われる意味合いとは異なる。リハビリテーション・カウンセリングの分野で使われる accommodate は，実は3を除いた1から5の意味合いをすべて併せ持ったニュアンスを持つ単語である。1から5を混ぜて，「人に適応させるために調節した環境を供給することによって便宜をはかる」，と訳せば少しは原義に近くなる。英英辞典をひもとくと「人の意見や必要性を受け入れて，その人の要望に応えようとすること。特にその人の意見や必要性が自分のものとは異なるばあい」とある。これで少し accommodate の意味がわかってきたかもしれないが，それでもまだリハビリテーション・カウンセリングの理念たるべきこの言葉の意味がイメージとして伝わらない。

　第1章で取り上げた A のケースを思い出すと accommodate の意味がもっとわかりやすくなるだろう。たとえば，A の高校が彼女のために毎日タクシーを用意したのは，accommodate するためである。A の職場が彼女が通勤しやすいように勤務時間を変えたり，入り口に近い部屋をオフィスとして用意したりしたのも accommodate である。他にもいろいろな accommodate の仕方がある。段差のない歩道，地下鉄の駅

にあるエレベーター，点字ブロックなどの設置は施設面での accommodate の仕方である。聴覚障害を持つ人のために手話通訳者を雇うこと，視覚障害を持つ人のために朗読者を雇うことは人材面での accommodate である。

ここで何が大切かというと，障害者のために accommodate しようとする姿勢である。環境を少し調整すれば障害が障害でなくなるのなら，環境を変えていこうではないか，という姿勢である。障害を持つ人の側が無理をして環境に合わせようとするのではなく，環境を変えることによって障害があっても生活をしやすい社会にしていこうというのがリハビリテーション・カウンセリングの方向としての理念なのである。

to advocate（アドヴォケイト）

英和辞典にある advocate の意味は，「…を弁護する，支持する，主張する」というように，accommodate に比べると単純に見える。しかし，リハビリテーション・カウンセリングのキーワードとしての advocate はもっと深い意味を持っている。もう一度「根底にある価値観」の３を読んでみる。「すべての人が有するべき権利と特権を平等に享受できるように配慮（accommodate）するという考え方の尊重，およびこの状況を獲得すべく，障害を持つ人たちが主張（advocate）し，社会的な力をつけられる（empower）ように支援すること」。ここから次の三つが読み取れる。第一に，advocate するのは障害を持つ人自身である。第二に，advocate の目的は accommodation を実現するためである。第三に，障害者が自ら advocate することによって力を得ていくのである。

再度第1章で取り上げたAの例を思い出してみたい。彼女が大学に入りたてのころ，コンピューターの使用と車の運転について問題にぶつかり，リハビリテーション・カウンセラーに話しに行ったことがある。「自分が必要なサポートは，自分で求めていかなければならない」，と考えた末の行動である。つまり，彼女はaccommodateを実現するために自らadvocateしたのである。その結果，彼女には無料で新しいコンピューターが与えられ，改造した車を運転できるようにもなった。彼女を大学にaccommodateするためにはコンピューターと改造自動車が必要だとリハビリテーション・カウンセラーが判断したからである。こうしてadvocateしたことによってAは大学生活を送っていく力をつけたといえる。

アメリカのadvocateは日本で考えられる「主張する」とは異なったニュアンスを持つ。日本で障害を持つ人が何かを求めて主張すると，それは自己主張として否定的にとらえられる場合がある。みんなと同じでなければならない，集団に属さなければならない，という日本の文化の中で一人だけ違ったことを主張するのは受け入れられにくい。しかし，アメリカで主張するということは当然の権利であり，自分を守る方法なのである。もちろん，けんか腰に主張するのではなく，きちんと自分の状況を説明して相手に理解を求める必要がある。アメリカ人はそうして自分の状況を客観的に説明して，相手を説得するすべを身につけている。障害者とて同じである。だからこそ，障害を持つ人も自分の状況を良くしていくべく，自分で主張，つまりadvocateしていかなければならない。専門家も障害を持つ人のためにadvocateすることが求められるが，主体は障害者自

身にある。アメリカのリハビリテーション・カウンセリングは，こうした障害者自身の self advocate によって発展してきたし，今後もその方向に進んでいくのである。

to empower（エンパワー）

英和辞典をひもとくと，empower とは「1. …に権限を与える，権力を委任する」，「2.（～することを）…に許す，…する能力を与える」とある。英英辞典にも同様の定義が記述されている」。

リハビリテーション・カウンセリングの文脈で使われる empower は，基本的な意味は同じであるものの，もっと具体的なニュアンスを持っている。つまり，empower とは障害を持つ人を accommodate などによって強化し，自立した生活を送る能力を育てるようにするという意味合いを持っている。第1章で登場した A を再び思い出していただきたい。彼女は accommodate された環境で教育を受け，仕事をし，自信と自尊心を持って自立した生活を送っている。つまり，リハビリテーション・カウンセリングの過程で自立して生きていけるように empower する力を与えられてきたのである。

アメリカでは障害者が自立して生活していく方向でサポートが提供されてきた。そして，本当の意味の自立とは，リハビリテーション・カウンセラーがいつも障害者のそばにいて面倒をみるのではなく，障害者自身が自分の力で生きていけるように力を与えることなのである。人を育てるとは，その人のために何でもしてあげることではなく，その人が自分の力で生きていけるように必要な力を授けていく，すなわち，エンパワーして

いくことである。

　この三つのキーワードの概説を通して，アメリカのリハビリテーション・カウンセリングの方向性が理解できると同時に，これらが日本語にない概念だということがわかるだろう。本書では今後，accommodate, advocate, empower の三つの言葉は，原義をそのまま伝えるためにあえて英語のまま記載する。

第4節　リハビリテーション・カウンセリングのエンジン

　リハビリテーション・カウンセリングは文字通りカウンセリングの手法を主な方法論として進んでいく。エンジンがなければ車の走行性が保たれないのと同様に，リハビリテーション・カウンセリングからカウンセリングの要素を除くとその存在意義さえなくなるのである。

　はじめに，第1節で取り上げた「根底にある価値観」の最後の部分，すなわち4から6を解説することによってカウンセリングの手法がどのようにリハビリテーション・カウンセリングを動かしているかをみてみよう。

　まず4では，「人間の機能の全体性を下記の手段によって尊重」とあり，その方法として「a. 職域間での協働, b. 統合的な視点に基づいたカウンセリング, c. 個人を家族システムの中，地域の中で捉えようとするアプローチ」とある。アメリカではb. カウンセリングはもちろんa. 協働，およびc. 環境との相互作用を重視することもカウンセラーの用いる重要なアプローチと考えられている。まずa.「協働」について考察してお

きたい。日本ではカウンセリングといえば，カウンセラーとクライエントが一対一で面接を行うことだけを想定する。つまり，制限のある時間と空間でのカウンセリングをするのがカウンセラーの仕事という認識である。しかし，アメリカのカウンセラーは，スクール・カウンセラーにしろ，リハビリテーション・カウンセラーにしろ，クライエントと一対一で面接をするのは全体の仕事の一部にしかすぎない。別な言い方をすれば，アメリカのカウンセラーはソーシャル・ワーカーに近い仕事の仕方をする。とくに，リハビリテーション・カウンセラーは，クライエントの担当医，精神科医，セラピスト，学校の教師，雇用主など，他の専門家と積極的に連絡を取り，チームとしてクライエントをサポートする。一人のクライエントに対して数人の専門家が集まってチーム・ミーティングを行うことは珍しくない。cの家族，地域についてみてみる。アメリカのカウンセラーはクライエントを一対一の限られた面接場面だけで理解するのではなく，地域，家族の中でどのように生活するかを重視する。それは，第2節で取り上げた「人間の全体性」とも共通する価値観である。つまり，人間が持っているさまざまな関係性に目を向けない限り，その人を本当に援助できないということである。

「根底にある価値観」では次に，「5. 個人の資質に焦点を当てることの重要性への気づき」とある。これもカウンセリングの重要な視点である。アメリカ心理学会の第17部会，「カウンセリング心理学分科会」でも，その人が持つ資質，可能性，プラスの側面に焦点を当ててカウンセリングを行うことの重要性が強調されてきた（Okun, 2001）。カウンセリングの場面を想定

すればわかるように、カウンセラーが問題を持ってやってきたクライエントのマイナスの側面ばかりに目をやっていたら、クライエントは問題を解決する力を得られないばかりか、自信や希望も喪失してしまうだろう。逆にカウンセラーがクライエントのプラスの側面に気づき、それを支持してあげられたら、その人はプラスの方向に進んでいける。よい部分を認識することによってその人の自信をはぐくみ、力をつけ、成長を促すからである。カウンセリングの究極の目的は人間の成長なのである。とくにリハビリテーション・カウンセラーのように障害を持った人と接する仕事では、クライエントの資質に焦点を当てるのはきわめて重要になる。障害というマイナスにとらえがちな状況を、いかに肯定的に見ていけるかが鍵になるからである。

「根底にある価値観」の最後は、「6. クライエントとカウンセラーの合意による統合的、総合的なサービスの提供を実現すること」とある。ここでの第一のキーワードは、「クライエントとカウンセラーの合意」である。つまり、クライエントが受けるサービスは、クライエントとカウンセラーの合意に基づいて決定されるものでなければならない。これは、初期のリハビリテーション・カウンセリングが犯した過ちに対する反省からきている。すなわち、リハビリテーション・カウンセリングは当初、クライエントの意志を尊重せずに提供するサービスを決めていた時代があった。たとえば、車椅子を利用するクライエントが教師になりたいと言ったとする。車椅子では教師の職は勤まらないからという理由でカウンセラーが反対して、教師になるためのサービスをクライエントに提供しない場合が多かった。これが過去の過ちである。現在のリハビリテーション・カウンセ

リングのサービスは，クライエントとカウンセラーの両者が署名した計画書に基づいて提供される。つまり，両者の合意によってサービスが提供されるのである。第二のキーワードは「統合的，総合的なサービス」(29ページ参照)である。これも第2節で取り上げた「人間の全体性」とかかわる価値観である。アメリカのリハビリテーション・カウンセリングの主な目的はクライエントが仕事に就けるようになることにある。しかし，提供されるサービスは職業にとどまらず，教育，健康の保持，経済的側面，人間関係と広範囲に及ぶ。こうした総合的，統合的サービスを提供することによってはじめて本当の意味での援助が実現する。

　こうして「根底にある価値観」の4から6を解説した。しかし，個々の項目の内容については納得したとしても，リハビリテーション・カウンセリングを動かすエンジンが何なのかという全体像が理解しにくいように思われる。その理解のためには，「根底にある価値観」の4から6に共通するカウンセリングの目的を明確にする必要がある。

　カウンセリングの基盤は，カール・ロジャースによって1930年代に築かれた (Meier & Davis, 2001; Okun, 2001)。ロジャースによるとカウンセリングの目的は人間の成長にある。クライエントが問題を抱えてカウンセラーのもとを訪れる。カウンセラーはクライエントの話を傾聴して共感的に理解する。理解してもらったことでクライエントは自分自身への理解を深めると同時に問題に向きあい解決していく力を得る。つまり，カウンセリングの過程を通して問題に遭遇しても前に進んでいける力を身につけられる。それが自己成長を遂げることであり，カウ

ンセリングの目的なのである。

　リハビリテーション・カウンセリングにおいてもこのカウンセリングの基本的な目的は変わらない。リハビリテーション・カウンセラーは，クライエントの問題とそれに伴う感情を理解した上で必要なサービスを提供する。そのプロセスにおいて上記に解説したカウンセリングの手法が用いられるのは，クライエントの自己成長というカウンセリングの究極の目的を果たすためである。つまり，人間の成長を目的とするカウンセリングの手法をエンジンとしてリハビリテーション・カウンセリングは進められていくのである。

第3章
リハビリテーション・カウンセリングを動かす四つの車輪

第1節　障害者自身の動き

　第1章の終わりでアメリカのリハビリテーション・カウンセリングを今日の段階まで動かしてきた四つの車輪について説明した。本章ではその四つの車輪について詳しく説明する。

　車輪の一つは「障害を持つ人たち自身」である。これまでにも記述してきたように、アメリカの障害者は自ら advocate することをおこたらない人たちである。つまり、自分の能力と可能性と権利を確信し、主張し続けてきたのである。この節では、その障害者による advocate の動きの中で歴史的に最も大きな二つの動きを例に挙げ、障害者自身による advocate がどのようにリハビリテーション・カウンセリングを動かしてきたかを考察する。参考にした文献は、ジャーナリストであるシャピロによってまとめられた「ノー・ピティー(『哀れみはいらない』)」という書物である (Shapiro, 1994)。

自立生活運動の始まりと自立生活センターの設立

　最初に取り上げるのは、1960年代の、障害者による自立生活運動である。この運動の主人公は、エドワード・ロバーツと

いう四肢マヒの男性であった。彼は，1962年の秋にカリフォルニア州立大学バークレー校に入学した。というと簡単に聞こえるが，ロバーツが大学入学に至るまでの道はかなり険しかった。1953年，14歳のときに発症したポリオの後遺症でロバーツは重い身体障害を持っていた。首から下が完全にマヒしており，頭もかろうじて少し動かせる程度の身体機能しか持ち合わせていなかった。しかも，呼吸も困難であったため，当時の医療水準では，公衆電話のブースほどの大きな呼吸器につねにつながれていなければならなかった。ロバーツを担当した医者も，リハビリテーション・カウンセラーも，彼が大学に行けるとも，結婚できるとも，仕事に就けるとも思わなかった。ロバーツ自身は車椅子と呼吸器に束縛された自分自身の姿が大嫌いだった。何もできない現状にうつうつとした毎日を過ごす一方で，この現状を何とか打開する方法を考えていた。彼の打開策は，食事の介助のために雇われた看護師に対する抗議から始まった。機械的に食事を与えようとする看護師に，何をいつ食べるかは自分が決めるのだと主張したのである。

　これはロバーツの自立に向けた運動の第一歩だった。

　やがて車椅子で高校に通うようになったロバーツは，同級生たちの興味津々とした視線にもめげずに勉強した。他人の視線の中で前向きに生きるために，ロバーツのとった妥協策は，スターになったと思うことだった。何よりも外に出られるようになったことがうれしかったし，勉強できることも喜びだった。成績は非常に優秀だった。しかし，卒業の時期を控え，校長はロバーツを卒業させないと言った。体育の授業に参加できなかったからである。これはあまりにも理不尽な対応であると考え

たロバーツの母は教育長に抗議した。彼女は正当な権利を追求して闘う人だった。しかし，教育長も校長の意見に賛成した。それでも母親は不服申し立てをし続け，ついにロバーツの理学療法を体育の一環として認めさせた。ロバーツはこうした母の姿から自分の正当な権利のために闘うことを学んだ。

　高校を卒業した後，ロバーツは２年間地元のコミュニティ大学で勉強を続けた。しかし，彼はもっと勉強したかった。自らの経験から，障害者の人権を守るための勉強をしたかった。そこで当時カリフォルニアにあった車椅子でも通える四つの大学のうち，カリフォルニア州立大学ロサンゼルス校に進学することを志望した。この大学は第二次世界大戦の復員兵のために車椅子でも動き回れるキャンパスに改造されていた。彼はそこなら自分も受け入れてもらえると思ったのである。しかし彼が通っていたコミュニティ大学のガイダンス・カウンセラーは，車椅子で通えるという理由で学校を選ぶのではなく，自分がやりたい勉強ができる学校を選ぶべきだと主張した。そこでロバーツは政治科学で高い評価を得ていたカリフォルニア州立大学バークレー校に出願した。本来なら州のリハビリテーション・カウンセリング費用でロバーツの学費はまかなわれるはずだった。しかし，彼のリハビリテーション・カウンセラーは，ロバーツの障害が重度すぎるという理由で資金援助はできないと言った。障害が重すぎるために，大学に行ったとしても仕事に就ける見込みがないという理由であった。ロバーツはもちろんこの決定に抗議した。ロバーツが通っていたコミュニティ大学の総長，学部長も州のリハビリテーション・カウンセリングの団体に抗議をした。最終的には地元の新聞がこれを取り上げたため，リ

ハビリテーション・カウンセリングの団体が資金援助を約束せざるを得なくなった。

　しかし，ロバーツの闘いはここで終わらなかった。キャンパス内は車椅子で移動できたが，建物の中は車椅子用には改造されておらず，友達に抱えてもらって移動する羽目になった。大学の寮もロバーツの車椅子と呼吸器を置けるようなスペースはなく，結局，大学の診療所で暮らすことになった。他にも多くの壁があったが，それらをすべてクリアして，ロバーツの大学生活は始まった。向学心をかきたてられるような授業が楽しくてたまらなかった。多くの人はロバーツがここまで自立できるとは想像していなかった。それだけにこの大学での生活が価値あるものに感じられた。

　彼の自立をさらに促進したのは当時の電動車椅子の発売開始だった。誰かに車椅子を押してもらわなくても移動できるのは，ロバーツにとっては願ってもないチャンスだった。案の定，彼のリハビリテーション・カウンセラーはロバーツの残存能力で電動車椅子は動かせないとして，州の予算でロバーツのために電動車椅子を購入することを拒んだ。しかし，ロバーツは練習して電動車椅子の操作を自分でできることを証明した。初めて誰かに押してもらわなくても動ける自由，自立を獲得したのである。

　ロバーツは学部を卒業し，修士，博士課程へと進んでいった。ロバーツの学内での成功は広まり，1963年には12人の四肢マヒを持った学生がバークレー校に在籍するようになった。市民権運動の影響もあり，彼らは集団で自分たちの権利を主張するようになった。重症の障害者は仕事をすることができないとい

うリハビリテーション・カウンセリングの団体への抗議，バークレー市の開発に伴い，車椅子でも利用できる街づくりを主張と，彼らの自立に向けての運動は広まった。これが「自立生活運動」である。そして彼らは学内に障害を持つ学生を援助する団体を立ち上げた。この団体は，「身体障害を持つ学生のためのプログラム（Physically Disabled Students' Program, 略称：PDSP）」と呼ばれ，ロバーツが初代の代表となった。障害者によって作られた，障害者の自立を促進するための団体である。車椅子でも居住できるアパート探しの援助，車椅子が故障したときの修繕，食事の準備などの日常生活のサポート。これらは，障害を持つ人だからこそわかるニーズだった。PDSPはその後どんどん活動の場を学外にも広げ，やがて「カリフォルニア自立生活センター」と改称した。初代代表はやはりロバーツであった。これがアメリカ全土に広がった「自立生活センター（Independent Living Center）」のもととなる。現在では各州に少なくとも一つの自立生活センターの設置が義務づけられており，一定の割合で障害を持つ人がセンターの職員となることも定められている。

ロバーツの自立への運動は，自分自身のための自立運動から，学内，カリフォルニア，そして全国へと広がっていった。彼の運動が最も意外でかつ喜ばしい形で認められたのは，カリフォルニア州のリハビリテーション・カウンセリングの団体がロバーツを代表として迎え入れたことである。この団体は，かつてロバーツの障害が重すぎて就職の見込みはないと判断し，ロバーツが大学に行くことも認めなかった。それが，皮肉にもロバーツを団体の長として迎えたのである。これは，ロバーツが推

進してきた自立生活と，リハビリテーション・カウンセリングの真の勝利といえる。

ADA（Americans with Disabilities Act）の制定

次に取り上げるのは，ADA制定に至るまでの道である。これも障害者のadvocateの力がアメリカのリハビリテーション・カウンセリングを動かしてきた例である。ADAとはAmericans with Disabilities Actという法律で1990年に制定された。この法律は障害者の総合的な社会参加をうながし，また人権を擁護するための画期的な法律である。ADAの内容については次節で概観する。

障害者の自立生活運動が1970年代に広まっていく一方で，障害者に対する社会の差別はまだまだ根深く続いていた。たとえば，脳性マヒのために言語障害がある若い女性が映画館で入場を断られたというケースもあった。ただ障害があるというだけの理由でである。他にも障害を持つ人が社会に受け入れられない場面が多かった。建物が車椅子用にできていないために行くところが限られている。仕事をする能力があるにもかかわらず機会が与えられない。

そんな経験を持つたくさんの障害者が，1980年代に初めてアメリカ社会に呼びかけたのである。自分たちが向きあわなければならない問題は障害自体ではなく，障害者に向けられた社会の差別だということ。そして，自分たちが望むのは慈善ではなく社会参加であるということを呼びかけたのである。

ボブ・バーグドルフも差別を受けた経験を持つ一人であった。1968年の夏，大学の夏休みを利用して，憧れの電気工事の見習

いの仕事をするはずだった。父は電気工事士で、息子が幼いときから道具の一つ一つの使い方を仕込んでくれた。バーグドルフはその朝、父と同じ仕事ができることがうれしくてたまらなくて、嬉々として初出勤した。しかし、他の何人かの見習いの前に現れた上司は、バーグドルフを一目見るなり脇に呼び寄せた。「家に帰れ。ここでは『かたわ』は使わないんだ」。

ポリオの後遺症でバーグドルフの右腕には軽いマヒがあった。しかし、彼はそのマヒを理由にしてできないことがあるとは思っていなかった。バスケットボールのシュートも左手でできた。電気工事の仕事も、ほかの人と同じようにできるはずだった。両親にもそうやって育てられた。だから上司に拒否されたときのショックは大きかった。何よりも口惜しかったのは、上司の理不尽な対応に抗議するすべを知らなかったことである。当時、障害者の人権を守る法律などなかったのである。

20年後、バーグドルフはADAの草案を書くことになる。あの屈辱の朝から、彼は二つのロー・スクールを修了し、障害者関連法令を専門とする弁護士になっていた。1986年にはADAの原案をまとめる役割を担う国の委員会、「全米障害者委員会（National Council on the Handicapped）」の会員となった。ADAの草案は彼の懐で温められていた。

バーグドルフがその委員会で知りあった一人がジャスティン・ダートだった。ダートもポリオの後遺症で下肢にマヒがあり、車椅子を使っていた。彼が大学に通っていたのは1950年代で、障害を持つ学生に対する差別ははなはだしかった。たとえば教職課程を履修していたにもかかわらず単位をもらえなかった。車椅子では教師の役割が務められないというのである。

当時は，その偏見を事実として受け入れるしかなかった。共和党の政治家を父に持つダートは，自らも共和党員としてこの委員会に加わっていた。彼は自分のポケット・マネーで委員会のメンバーを連れてアメリカ全土を回り，障害者の声を集めた。すべての州で障害者は差別を受けていた。委員会のメンバーは障害者が福祉やお金を求めているのではなく，人権の保障を求めているという事実をまのあたりにした。

　バーグドルフもダートも，障害を持つ人がなぜ人権の保障を求めずにはいられないかをよく知っていた。どれだけのことを成し遂げたかにかかわらず，人はただ障害だけを見て，その人を無能だと決めつける。委員会の長であるサンドラ・スウィフト・パリノもそうした偏見による痛みを知る一人であった。彼女には重度障害を持つ息子がいて，この息子が教育を受けようとするとき，大学にいこうとするとき，いつもこの偏見にぶつかった。障害がその人の成し遂げようとしていることに何の関連もなかったとしても偏見は襲いかかってくる。障害を持って生まれることは，障害自体と闘うことではなく，人々の偏見や態度と闘うことを意味するのである。このような闘いへの不満がつのり，障害者が人権を求めるようになった。

　1988年にバーグドルフが草案したADAが提出されたが，ちょうどレーガン政権の末期であったため，誰もこの法律の存在にすら気がつかなかった。しかし，障害者の人権を求める動きはこの法律の廃案によってはとどめられなかった。なぜならば，人権の必要性を知る人たちが次のジョージ・ブッシュ（父）政権を動かしたからである。その力の源の一人が下院議員のトニー・コエプロだった。彼は若いころトラック事故にあってから

原因不明の痙攣発作を起こすようになった。医者はこれを「てんかん」と診断した。てんかんは，彼の所属したカトリック教会では悪霊にとりつかれることだと解釈されていた。神学校に通っていた彼は退学せざるをえなくなった。その後就職活動をしても，てんかんを理由にして採用されなかった。彼の家族すら彼がてんかんを持つことを理由にして家族全体が差別を受けることをおそれた。コエプロが下院議員選に出馬したときにも，対立候補は選挙民にこう呼びかけた。「トニー・コエプロは重病人です。下院に行くことになったとしても，重要な法案を審議しているときに痙攣発作を起こすかもしれません」。コエプロは結局この選挙戦に勝って実際に下院に行くことになった。この時，コエプロは，自分にとっての障害は薬でコントロールできる痙攣ではなく，人々の偏見なのだという思いをさらに強くした。

　コエプロが下院での ADA 支持者であったのに対して，上院では，ダウン症の息子を持つロウェル・ウィーカーがその支持者となった。また，がんのために両足を切断した息子を持つエドワード・ケネディも ADA の支持者であった。彼にはまた発達遅滞を持つ妹がいて，60 年代に発達遅滞を持つ子どもの親たちが障害を公表できるような環境を整えることに貢献した。共和党上院議員のロバート・ドールは，第二次世界大戦で負傷して，右腕にマヒがあった。

　こうして障害にかかわりを持つ政治家が次々にこの法案を支持するようになったなかで，最も驚くべく，そして重要な支持者となったのは，ジョージ・ブッシュ大統領自身であった。彼にも障害を持つ家族がいた。1953 年に彼の3歳になる娘が白

血病にかかり夭逝した。息子のニールは重い学習障害を持っていた。一番下の息子のマービンは直腸の一部を切断して，人工肛門をつけていた。また，ブッシュ大統領は，彼の敬愛する叔父ジョン・ウォーカーがポリオに感染して四肢マヒとなったということを議会で演説した。外科医としての最盛期で，スポーツ万能だった彼は車椅子にくぎづけになった。元大統領はそんな叔父が愚痴ひとつこぼさなかったことを非常に誇りに思っていた。

　こうしてADAは1990年に可決され，ブッシュ大統領によってサインされた。そして現在に至るまで障害を持つ人たちの権利を擁護する法的いしずえとなっている。これこそ，障害者の功績であり，彼らのadvocateによって社会を動かした実例といえる。

第2節　政策の発展

　アメリカのリハビリテーション・カウンセリングを動かしてきた四つの車輪のうち，先駆的な役割を果たしたのは連邦政府によって実施された政策であり，制定された法律であった。アメリカの障害者政策は，そのときどきの社会的な背景，政権担当者，障害者のニーズなどによって方向づけられ，法律の制定，改定と施行によって発展してきた。この節では，どのようないきさつと法律によって政策が実施されてきたかの歴史を振り返る。

　リハビリテーション・カウンセリングの始まりは，第一次世界大戦の復員兵の社会復帰を促進する政策に端を発する。1917

年に制定された「スミス・ヒューズ職業法（Smith-Hughes Vocational Act）」は，州が実施する復員兵に対する職業訓練と教育のための費用の一部を連邦政府が負担するというものであった。この法律の施行を背景に，当時，大きな都市では障害を負って帰還した者も含めて，復員兵のための職業訓練プログラムが始められた。それらのプログラムは，現在に至るまで公立高校の職業科という形で存続する。次に1918年の「復員兵リハビリテーション法（Soldier's Rehabilitation Act）」では，障害を負って帰還した復員兵への包括的リハビリテーション・サービスが提唱された。サービスには，職業面の支援と，個人を対象としたカウンセリングなどが含まれている。さらに1920年には，「文民リハビリテーション法（Civilian Rehabilitation Act）」が制定された。これは，戦争を理由とせずに障害を負った人たちにも職業に適応するためのサービスや仕事の斡旋のサービスを提供すると定めたものである。つまり，この時点でリハビリテーション・カウンセリングの対象は復員兵から一般の市民へと拡大された。

　その後10数年の間は，リハビリテーション政策を支持しない大統領が3代続いたため，政策は沈滞した。しかし，その後のフランクリン・ルーズベルト大統領のもとで再び政府によるリハビリテーション促進の必要性に目が向けられるようになった。1935年には「社会保障法（Social Security Act）」が制定され，その後のリハビリテーション・プログラムの基礎を築いた。その後，1936年の「ランドルフ・シェパード法（Randolph-Shepperd Act）」，1938年の「ワグナー・オーデイ法（Wagner-O'Day Act）」は双方とも視覚障害者の職業上の権

利を擁護するための法律であった。

　次にリハビリテーション促進のきっかけとなったのは，第二次世界大戦への参戦である。1200万人もの成人男性が徴兵されたために労働力が不足し，その一方で戦争を続行するための工業生産を保持することが要求された。そこで，障害を持った人たちが労働力に貢献するよい機会となった。1943年には障害を持った復員兵が大学教育を受けられるようなサービスを盛り込んだ「ウェルチ・クラーク法（Welch-Clark Act）」が可決された。同じ1943年には「職業リハビリテーション局（Office of Vocational Rehabilitation）」が設立された。リハビリテーション・カウンセリングの分野で歴史的な人物であるメアリー・スウィッツァーが初代の局長となり，1951年まで在職した。さらに同じ1943年には「バーデン・ラフォレット法（Barden-LaFollette Act）」が可決された。この法律は，それまで身体障害に限られていたリハビリテーションのサービスを発達遅滞と精神障害を持つ人たちにまで広げたという点で画期的である。

　1954年には職業リハビリテーション法が大幅に改正された。これは，当時のアイゼンハワー大統領がリハビリテーションの強力な擁護者であったためである。改正の内容としては，リハビリテーションに対する連邦政府の予算増加，リハビリテーションの専門家の訓練の強化，研究のための費用の増加，リハビリテーション・プログラムの評価体系の構築などである。この職業リハビリテーション法は1965年の改正でサービスの対象がアルコールや薬物依存症，犯罪の経歴がある人たちにまで広げられた。1971年にはかつてのワグナー・オーデイ法が改正され，政府は視覚障害者の作業所だけではなく，あらゆる種類

の障害者を対象とした作業所から物品の購入をしなければならなくなった。

次に政策で飛躍を遂げるきっかけになったのは，1973年の，「リハビリテーション法（Rehabilitation Act）」の可決である。これはさまざまなシステムの改善を図った大幅な改正であった。たとえば，連邦政府による予算支出の拡大，重度障害者へのサービスの強化，各州に対する障害者支援計画書の提出義務，などである。他にも重要な点としては，リハビリテーション・カウンセリングのプロセスがクライエント中心に進められるように，クライエントの同意を示す署名がない限り，サービスは提供されないことになった。また，第1節で取り上げた自立生活センターへの資金補助もこの法律によって開始された。またこの改正では，障害者の社会参加を奨励するための政策が盛り込まれた第5条が付加された。第5条で規定されているのは，①連邦政府が職員採用において障害者を差別しないこと，また障害を持つ職員の募集，採用，昇進を促進し，他の団体・企業の見本になること，②すべての公共のビルでは，障害者も利用できるような施設を整えること。たとえばトイレ，公衆電話など），③連邦政府から2500ドル以上の業務委託を受けている団体・企業は，率先して障害を持つ人を採用，サポートしなければならないこと，④政府の補助を受けているあらゆる団体での，障害者に対する差別を禁止すること，である。

このリハビリテーション法は，1974年，1976年，1978年の改正を受けて，重度の障害を持つ人たちへのサービスの充実が図られた。1978年の改正ではとくに自立生活センターが各州に設けられるように義務づけられ，またその職員の一定割合は

障害者自身によって占められることも定められた。

　アメリカでも近年に至るまで勤労年齢前,すなわちまだ学校に通っている年齢層の障害人口には,政策の光が当てられていなかった。障害のために学校にも通えない生徒が多くいた。1975年にはようやく「障害を持つ生徒に対する教育法 (Education Act for All Handicapped Children)」が可決された。これは,障害を持つ生徒を含めて,すべての生徒が21歳に達するまで,最も制限のない環境で適切な,しかも無料の公教育が受けられることを保障したものである。生徒に対してもリハビリテーション・カウンセリングの計画書にあたる個人別教育プログラムが作成されることが義務づけられた。

　1980年代は,リハビリテーションのサービスは目立った発展を遂げなかったものの,1986年のリハビリテーション法の改正によって重度障害者の働く場が確保されるようになった。また,それまでは特殊教育を受けてきた高校生などが職業リハビリテーションのサービスを受けられるようになるまでにかなりの時間待たなければならなかったことへの反省から,学校から仕事への転換がスムーズに運ぶようにする努力が始められた。また,1992年と1998年にはリハビリテーション法はクライエントの参加をもっと奨励する方向で改正された。

　最後に取り上げる法律は,第1節で述べたADA (Americans with Disabilities Act) である。これは,障害者の人権を保障する画期的な政策の発展であり,リハビリテーション・カウンセリングの分野にも大きな影響を及ぼした。第1節でADA可決に至るまでのいきさつを説明したが,それだけの過程を経ただけあって,社会生活において障害を持つ人の人権を総合的に保

障した法律である。換言すると，障害を理由とした障壁や差別がない環境で，障害者があらゆる場面で社会参加できるように保障した法律である。ADAによると，映画館，図書館，ショッピング・センター，学校，スポーツ施設などのあらゆる公共機関は，障害者でも利用できる構造でなければならず，また障害者が利用できるようなサービスも提供しなければならない。つまり，ハード面でもソフト面でも障害者が利用できるものである必要がある。アメリカの公共の建物のほとんどが車椅子で利用できるようになっているのはADAのハード面での貢献が大きい。また，アメリカで障害者が買い物をするときには，店の従業員が買い物を手伝っている場合が珍しくない。ADA以後，こうしたサービスがソフト面で障害者の社会参加を促している。もちろんアメリカとて完璧な社会ではないわけだから，まだまだ車椅子で利用できない建物はいくらでもあり，障害者向けになっていないサービスも多くある。しかし，確かなのは，ADA以後障害者の社会参加は拡大されつつあり，またそれを法律という形で保障したという意味で画期的なのである。

　次に，ADAで障害者の雇用がどのように保障されているか見てみる。まず，人材の募集についてである。雇用前，雇用後のどんな状況においても障害があるという理由で被雇用者を差別してはいけないと定められている。また，障害を持つ被雇用者が仕事をするうえで必要なものはすべて雇用主が用意しなければならないと定められている。つまり，accommodateすることである。このよい例が視覚障害者のためのコンピューター画面読み上げソフトである。コンピューターの画面を目で見ることができなくても読み上げソフトがあれば目が見える従業員

と同様に仕事ができる。障害を持っていても同様に仕事ができるなら，雇用主は障害者を差別なく雇用しなければならないし，また仕事をするための環境も整える義務がある。読み上げソフトは目に見えるわかりやすい例である。他にも人工透析に通う被雇用者のために勤務時間を修正するなどの配慮も，雇用主が障害を持つ被雇用者を accommodate する方法のひとつである。

こうして ADA では就労を含めた障害者の総合的な社会参加が保障された。これはリハビリテーション・カウンセリングをめぐる政策の大きな転換の一つといえる。

第3節　専門家の拡充

リハビリテーション・カウンセリングをここまで動かしてきた車輪の一つが，この分野にたずさわってきた専門家たちである。1920年代，何もないところから始まったこの領域は，専門家の量的，質的な拡充にあわせて発展を遂げてきた。

1910年代，後半にリハビリテーション・カウンセリングの分野がスミス・ヒューズ職業法などの制定によって産声をあげたとき，リハビリテーション・カウンセラーなどという専門家はまだ誕生していなかった。かわりにリハビリテーション・エイジェントと呼ばれる少数の人たちが障害を持つ人たちを援助していた。当初，エイジェントはアメリカ全土で限られた地域に5人いるだけだったが，1930年に入るころには各州に配置されるようになった。当時のリハビリテーションは政府の行政分担からいうと職業教育の下にあり，そのために援助の方法は職業訓練を提供することに限られていた。リハビリテーション・エ

イジェントの大部分は障害についての知識を持ち合わせていない学校の元校長たちであった。しかもこの元校長たちは2，3日間のリハビリテーションに関する法律についての研修と，すでに現場で働いているエイジェントの見習いとしての2週間の現場実習を終えただけで，一人前のエイジェントとして一つの州に派遣される仕組みになっていた。担当する州では，1ヶ月ごとに各地方を転々と渡り歩き，集まってきた身体に障害を持つ人たちと面接した。その人たちの障害の程度，年齢，職歴などはまちまちだったが，仕事に就きたいという目標は共通していた。当時のリハビリテーション・カウンセリングはクライエントそれぞれの状況に合わせて個別のサービスを提供するところまでには至っていなかった。それでもリハビリテーション・エイジェントは全州に派遣されるまで増加し，各々の州で職業訓練を提供することによって障害を持つ人の就職を可能にした。ちなみにここでいう「サービスの提供」というのは，エイジェント自身がサービス，ここでは職業訓練を提供するというのではない。エイジェントはクライエントが職業訓練を受けられるように資金援助を含めてすべての段取りを整える。それがサービスの提供なのである。

　1940年に始まった第二次世界大戦は，リハビリテーション・カウンセリングの分野を拡大させるきっかけとなった。その理由の一つは，徴兵により労働人口の一部が失われ，それを補うための重要な人材として，身体に障害を持つ人たちが採用されるようになったからである。その結果として障害者の就職を斡旋する専門家であるリハビリテーション・カウンセラーの役割も重要視されるようになった。そこで1943年には，それまで

傘下にあった職業教育から職業リハビリテーションの分野が独立し、職業リハビリテーション局が設置された。また、同じ1943年にはリハビリテーション・カウンセラーが提供できるサービスが拡大された。それまでは、職業訓練の斡旋だけにとどまっていたが、理学療法などの医学的なリハビリテーション訓練の斡旋を含む総合的なサービスを提供できるようになった。また、それまで身体障害に限られていた対象者が、精神発達遅滞と精神障害を持つ人たちにまで広げられた。こうしたサービス拡充は、リハビリテーション・カウンセラーがより直接的、包括的な方法で障害を持つ人たちを援助することを可能にした。それは、リハビリテーション・カウンセラーの専門家としての役割と必要性が社会の中で認められつつあったことを示す。それまでには全国で300人に増加していたリハビリテーション・カウンセラーは、年間に2万人にのぼる障害を持つ人たちの就業を可能にするようになっていた。

　こうした専門領域の拡充の一方で、リハビリテーション・カウンセラーの教育と採用はまだ形が整っていなかった。初期のころと同じようにリハビリテーション・カウンセラーは職業教育の分野からリクルートされるにとどまっていたし、カウンセラーになる前の研修は6週間にすぎなかった。サービスの拡大によって求められる専門知識と、実際に6週間の研修で得られる知識には大きな差があった。つまり、障害者を援助するためには障害に関する知識を持っていなければならない。障害に関する知識とは医学知識である。他にも心理学、社会福祉などの知識をリハビリテーション・カウンセラーは持ち合わせていなければならない。これらの知識が専門家教育から置き去りにさ

れたままに専門領域は拡大してしまった。そうした専門家教育の現状に危機を感じる声が，専門家自身の中にも聞かれ始めていた。

　また，1940年代のリハビリテーション・カウンセリングをめぐるもう一つの大きな動きは，連邦政府のリハビリテーション制度で補いきれないサービスを，民間のリハビリテーション団体が補うようになったことである。この民間の団体が後にワークショップと呼ばれ，障害が重度のために一般企業での就職までたどりつけない人たちの働く場となる。一つの例が，ニューヨークの肢体不自由者施設（Institute for the Crippled and Disabled in New York）でジョージ・ディアラー博士によって始められたプログラムである。そこでは，重度の身体障害を持つ人たちの職業的，社会的側面に重きをおいたリハビリテーションが行われた。こうした民間の団体は1960年代にかけて徐々に全国に増加していった。このように，政府の制度から各州におかれるようになった公的なリハビリテーション・カウンセラーとは別に，民間の団体で働くリハビリテーション・カウンセラーの活躍もみられるようになった。

　リハビリテーション・カウンセラーの専門教育は，1950年代に入ってからようやく改善され始めた。当時職業リハビリテーション局の長であったメアリー・スウィツァーは，専門家教育の不足を危惧していた一人であり，その改善に貢献した。当時リハビリテーション・カウンセラーの8割以上が教師としての教育と経験しか持ち合わせていなかった。障害を持つ人たちを職業につけるためには障害を理解するための医学的な知識，カウンセラーに必要な心理学的なスキル，サポートを提供するた

めのソーシャル・ワーカー的な役割，キャリア選びを支援するための機能など，総合的な知識と能力が要求される。教室での経験しか持ち合わせていない教師には，これらのほとんどが欠けていた。そこで，1954年の職業リハビリテーション法改正では専門家教育のための予算を政府が支出するように定められた。それを受けて複数の大学が，医学，心理学，ソーシャル・ワーク，職業指導を包括したリハビリテーション・カウンセラー教育のプログラムを学部，大学院レベルで設置し始めた。そして，1958年には，アメリカ・リハビリテーション・カウンセリング学会（American Rehabilitation Counseling Association, 略称：ARCA）と，全米リハビリテーション・カウンセリング学会（National Rehabilitation Counseling Association, 略称：NRCA）が，リハビリテーション・カウンセリング領域の専門学会として発足した。これらの二つの団体は，現在に至るまでこの領域の学術的な中核の役割を果たしている。

その後1960年代には社会全体が福祉や，訓練を受ければ誰もが仕事につけるという考え方を支持する流れにあった。その流れを受けて，1968年の法改正ではサービスの対象が犯罪者やアルコール・薬物依存歴のある人々にまで広げられた。この間，リハビリテーション・カウンセリングの教育プログラムは全国に増加し，1971年には修士課程を修了したカウンセラーは1000人にも上った。つまり，リハビリテーション・カウンセリングの領域は質的にも量的にも成長しつつあった。

さらに，リハビリテーション教育協議会（Council on Rehabilitation Education, 略称：CORE）が1971年に設立され，大学におけるリハビリテーション・カウンセリング教育プログ

ラムの認可を開始した。つまり，この団体からの認可がない大学では適切なリハビリテーション・カウンセリング教育が行われていないとみなされるわけである。続いて1973年にリハビリテーション・カウンセリング資格認定委員会（Commission on Rehabilitation Counseling Certification, 略称：CRCC）が設立された。この団体はリハビリテーション・カウンセラーの資格試験を実施し，合格者に対して資格を出している。リハビリテーション・カウンセラーとして就職するためには，州で働くにしても，民間団体で働くにしてもこの資格が必要なのである。ここに至ってリハビリテーション・カウンセリングの分野は，独立した学問と実践の領域として成熟期を迎えたことになる。

2008年の時点ではアメリカ全土で100を超える大学院がCOREの認定校として存在する。またCRCCによってリハビリテーション・カウンセラーの資格を与えられた専門家は16000人に上る。

第4節　社会の特質

この章のほかの節では歴史的な背景を通してリハビリテーション・カウンセリングを動かしてきた四つの車輪について説明してきた。本節では切り口を変えて，アメリカ社会が一般的に共有する特質を通して，社会全体がどのようにリハビリテーション・カウンセリングを動かしてきたかを検討する。

ここで取り上げるアメリカ社会の特質というのは，著者がアメリカで生活し，かつリハビリテーション・カウンセラーとして働く中で考察してきたものである。学術的に検証されたモデ

ルではないものの，アメリカ社会の有する特質として一般的に理解されているものと考えられる。それはキャリア志向，自立志向，変化志向という三つの特質であり，これらのアメリカ社会の特質がリハビリテーション・カウンセリングをここまで発展させることに貢献してきたと確信する。

キャリア志向

　アメリカは働く人を育てる社会である。子どもは小さいころから将来何になるかを考える機会を多く与えられる。学校では授業の一環でキャリア・デイ（キャリアの日）というのがあり，クラスメートの親が自分の仕事について説明するのを聞く。たとえば消防士，警察官，銀行員，医者，など，さまざまな職業について学ぶ機会が与えられるわけである。そして，高校生にもなれば自分の小遣いを稼ぐためにアルバイトをする。親戚のベビー・シッターであれ，スーパーのレジ係であれ，若者たち用に用意されている仕事は少なくない。その経験を通して収入を得ると同時に，働くことの何たるかを学ぶのである。また大学に行けば長い夏休みを利用して複数の仕事を試すことができる。さらに学部，大学院でインターンシップを利用できる学生にとっては，自分が選んだ領域での仕事を実際に経験する絶好の機会となる。本格的に社会人として仕事をするころにはすでにある程度の職業経験を持っているわけである。

　また，社会人としての職業は専門性の高さが求められる。日本社会との比較で説明すると，アメリカでは日本に比べて，スペシャリストとしての職務ごとの技能や資格が重視されるといえるであろう。たとえば日本の看護師は異動で複数の診療科

を経験するが，アメリカの看護師は未熟児のケアが専門ならそれだけに集中して，それを自分のキャリアにしていく場合が多い。こうしたスペシャリストとしてのあり方は，どの職種にも見られる。たとえば日本では「事務職」として総称される職種でも，アメリカでは「データ入力スペシャリスト」や「ファイリング・スペシャリスト」と呼ばれている。それぞれが立派なキャリアとしてとらえられているのである。

こうしたキャリア志向の背景には，働くことによって得られる利益の大きさがある。アメリカでも，一定の収入がなければ生活が成り立たない。仕事を持っていなければきちんとした医療保険にも入れない。また，初対面の人との間で必ずといっていいほど尋ねられるのが"What do you do for living?"という質問である。「何をして生活をしているのか」，つまり，「何を職業として生きているのか」を尋ねられる。職業を持っていることが当然であり，それがその人のアイデンティティの中核として理解されているからである。逆に言えば，職業がなければ収入もなく，医療保険もなく，アイデンティティもない。そんな状況を避けるためにアメリカ人はキャリアとしての仕事を必死に追求するのであり，またそれがアメリカ社会のキャリア志向を更に推進している。障害を持つ人たちも例外なくキャリアを目指しており，それが職業を中心としたリハビリテーション・カウンセリングのサービスが必要となる土壌を作ってきた。

自立志向

アメリカの建国の歴史に象徴されるように，アメリカ人は全般的に独立・自立を目指す傾向にある。この傾向を表わす米語

の表現に"be on one's feet"がある。つまり,「自分の足で立つこと」,「人に頼らず自分の力で生きていくこと」をアメリカ社会は重要視する。

　アメリカ人の子育ての仕方を見ると,親が子どもの自立性をいかに育てようとしているかがわかる。日本では親が子どもに添い寝する,あるいは親子で川の字になって寝る,という習慣が受け入れられている。アメリカではこうした方法は受け入れられない。なぜならば,親は子どもが独りで寝られるように馴らしていかなければならないと考えられているからである。生まれたばかりの赤ちゃんでも親と同じ部屋に寝ることは少ない。自分の部屋で,自分のベビー・ベッドに独りで寝かせられる。また,少し大きくなってよちよち歩きを始めた子どもが,何かにつまずいて転んだとしても,アメリカ人の親は決して走りよって起こしてあげようとはせず,子どもが自分の力で立ち上がるのを待つのである。高校生にもなるときにはすっかり自立の準備ができていて,自分で車を運転して高校に通ったり,アルバイトに行ったり,好きなときに好きなところへ遊びに行ったりできるようになっている。大学生にもなれば当然のように親の家を出ていく。小さいころから独り立ちできるように育てられてきたからである。

　良し悪しは別として,アメリカ社会で育った人たちの多くはこうして自分の足で立って生きていくように仕込まれている。それは障害を持っていても同じである。アメリカの障害者も好きなときに好きなところへ遊びに行ったり,親元を離れて一人暮らしをしたり,あるいは働いて生計を立てたりと,自立した生活を送れて当然なわけである。もちろん,自立した生活を送

るためにはちょっとした助けが必要かもしれない。たとえば，耳の聞こえない人のためには手話通訳，目の見えない人のためには盲導犬などである。こうした助けさえあれば自分の力で生きていけるのなら，それは立派に自立した生活である。障害者自身もこうした自立した生活を求めている。また周囲も障害者が自立した生活を送るためなら，喜んで助けを提供する。自立という究極の目的を達するためなら，多少の助けなど大したことではないのである。こうした自立への絶えざる志向が，アメリカのリハビリテーション・カウンセリングを動かす一つの社会的要因といえる。

変化志向

　アメリカの社会は変化をいとわない。システムに問題があれば，あるいは問題がなくても改善できることがあるのなら，よくしていくための変化を惜しまない。逆に，成長せずに同じところに留まっていることを嫌う。転職がよい例である。もっとよい収入や職場を求めて，あるいは単なる変化を求めて転職するアメリカ人は非常に多い。変化には準備と努力を要するが，それはよくなるために必要と考えられる。

　第1節で考察したように，アメリカの障害を持つ人たちもよくなるための変化を自らの力で起こしてきた。不公平な待遇をなくし，平等な社会参加を求めるための変化である。それはまさに変化志向というアメリカ人の特質ゆえのものである。また第2節で取り上げた政策の発展も，第3節で取り上げた専門家の拡充も，同様に変化志向の賜物である。よくなっていこう，制度をよくしていこうという意思があったからこそリハビリテ

ーション・カウンセリングはここまでの成長をとげた。逆に，これでよいと思ってしまって変化を起こさなければ成長は成し遂げられないのである。その意味で，アメリカ社会の変化志向はリハビリテーション・カウンセリングの発展を支えてきた。

アメリカ社会の変化志向は別な形でもリハビリテーション・カウンセリングを動かしてきた。それを象徴するのが次の話である。ビル・クリントン元大統領が彼の任期の最後の年（2000年）に日本を訪れた。当時のアメリカは景気がよく，平成不況のただなかにいた日本に比べればうらやましい状態にあった。日本の景気をよくするためにはどうしたらいいか，という質問に応えて元大統領は言った。「まず今の状況を知ることです。どんな状態にあって，何が問題なのか。次に，目標を設定することです。どんな状態にあることを求めるのか。最後に，その目標に達する手段を考えることです」。

実は，これが一般的にアメリカ人が変化に臨む方法なのである。現状の把握，目標の設定，目標達成のための手段の吟味という3段階を経て実際の変化を起こす。リハビリテーション・カウンセラーがクライエントとともにその問題に向きあうときも同じ手法を使う。まず問題が何であるかを分析し，それからクライエントがどうなりたいか，どうしたいかという目標を明らかにする。最後に目標に至る方法を検討する。この三段階の実践については次章でもう少し具体的に説明する。いずれにしても，この三段階はアメリカ社会の変化を好む特質によって作られた変化を促進するための手段と思われる。

第4章

リハビリテーション・カウンセラーのアイデンティティ

第1節 リハビリテーション・カウンセラーはなぜキャリアに焦点を当てるのか？

　現在，アメリカの総人口約3億人のうち5400万人が何らかの障害を持っていると言われている（Stapleton & Burkhauser, 2003）。総人口の18%を超える人々が障害を持って生きていることになる。この割合は医学の進歩などを背景に近年増加の一方をたどる。つまり，かつては失われていた生命が，医学の進歩によって救われるようになったのである。交通事故による脳損傷や脊椎損傷がそのよい例である。命を取り留めたかわりに障害を持って生きることになる。また，学習障害などの認知障害や，うつ病などの精神障害を持つ人たちが増えてきていることも障害人口の増加に影響している。いずれにしても障害を持つ人たちを助けるのが仕事のリハビリテーション・カウンセラーにとって，サービスを提供する対象が増加しているわけである。

　障害を持って生きるということは，アメリカにおいてもたやすくはない。1990年にADAが制定された後も，障害者は生活のさまざまな場面で不自由さを感じている。車椅子では入れない建物，手話通訳が用意されていない講演会などは，いまだ

に珍しくない。このような物質的な不自由さだけではなく、差別・偏見というような、目に見えない概念的な部分での不自由さはもっと根強く存在する。障害自体が不自由なのではない。物質的、概念的な環境が障害を不自由なものにさせている。

　その不自由さが最も顕著に現れるのが障害者の就労状況である。ここでまた少し統計を紹介する。勤労年齢にあるアメリカの障害者のうちで仕事を持っているのは32％にすぎない。残りの68％の障害者のうち、三分の二にのぼる人たちが仕事に就きたいと希望しているにもかかわらず無職の状態にある (Stapleton & Burkhauser, 2003)。その原因は、前述した概念的な不自由さ、物質的な不自由さにある。つまり、雇用主側の差別や偏見が概念的な不自由さである。アメリカにもまだ障害を持つ人たちの就労能力を評価しない雇用主が多く、それが障害者の雇用率上昇を阻む大きな原因になっている。また、交通手段や職場での福祉機器の欠如が物質的な不自由さとなり、就労できない障害者もいる。もう一つ原因を挙げると、障害者側の職業訓練や教育の不足も就労を阻むものである。これは、必ずしも障害を持つ人たち自身の責任ではないものの、仕事に就けるだけの教育・訓練を受ける機会がないために就労できない人たちもいる。これらの障害者就労をはばむ原因を取り除くのがリハビリテーション・カウンセラーの役割なのである。毎年、100万人前後の障害を持つ人たちがリハビリテーション・カウンセラーの助けによって就職をしたり、あるいは仕事を継続できているといわれる。つまり、リハビリテーション・カウンセラーは障害者のキャリアを支える重要な役割を担っているのである。

第1節 リハビリテーション・カウンセラーはなぜキャリアに焦点を当てるのか？

 しかし，なぜリハビリテーション・カウンセラーは障害を持つ人のキャリアに焦点を当てるのか。なぜ他の側面ではなくキャリアなのか。この問いに解答することによってリハビリテーション・カウンセラーのアイデンティティがより明確に理解できると思われる。

 第3章でリハビリテーション・カウンセリングが障害を持つ人の就労をサポートするために発展してきた歴史的な背景について取り上げた。また同章でアメリカ社会がいかにキャリア志向であるかについて考察した。すなわち，歴史的背景を見ても，アメリカ社会の特質を見ても，リハビリテーション・カウンセラーが障害者のキャリアに焦点を当てるのは必然である。しかし，リハビリテーション・カウンセラーとキャリアの接点はもっと深い意味合いがある。それを理解するためにまずキャリアとは何かという定義から考えを進めてみよう。

 日本におけるキャリアという言葉の一般的なイメージは，「公務員のキャリア組」とか「キャリア・ウーマン」という文言に代表されるように，限られた人がつく職業で，とかく出世や役職，専門職と結びつけて考えられがちである。これはキャリアの狭い定義といえる。英英辞典の定義によると，キャリアとは，ある人が選択し，その分野における教育や訓練を受け，ライフ・ワークとして追求している職業人生である。これでキャリアの定義が大幅に広げられる。すなわち，誰がどんな職業に就くとしても，その人が自分で選択して修練を重ねている限り，それはその人のキャリアといえるのである。

 アメリカのキャリア理論の提唱者の一人であるドナルド・スーパーはキャリアにさらに深い意味を与えた。スーパーの理論

では，キャリアは人生におけるさまざまな発達段階や役割，また個人が自分自身をどのようにとらえているかという自己概念に関連づけて理解された。つまり，キャリアとは人生のそれぞれの段階でさまざまな役割を持つ個人が職業を通してどのように生き，どのように自己を実現しているかを示す（Osipow & Fitzgerald, 1996）。キャリアはその人の人となりや生き方にかかわる深い意義を持つ。また，単に仕事を見つけるのとキャリアを形成していくことには大きな違いがある。

精神分析学の祖であるジグムント・フロイトも人生においてキャリアが持つ深い意味について異なった言い回しを使って表現している。「愛するということ，働くということ，これらは人間性のいしずえである（Love and work are the cornerstones of our humanness.）」。この言葉は人間存在にとって「働く」ということがどれほど基本的で重要なものであるかを表わしている。それは決して職業を持つことだけが人生（キャリア）のすべてということではない。キャリアは「働く」ことのつみかさねとしての人生といえる。キャリアという概念は一人一人の人間の人生に深い意味を与えているということである。

フロイトの名言をキャリアという言葉に置き換えて利用すると，キャリアは人間性のいしずえである。キャリアはすべての人にとっても，基本的かつ重要な概念である。障害を持つ人たちにとってキャリアは生活の安定と自立の象徴としてより重要な意味を持つといえる。にもかかわらず障害者は人生の節目にあたって進路や職業を選択する時点で健常者よりも大きな壁にぶつかる。障害を持つ人は障害がもたらす制約をも考慮に入れたキャリア選択を行わなければならないからである。さらに選

択した進路や職業に必要な教育や訓練を受ける機会も前述した物理的，概念的不自由さによって，あるいは経済的な不利によって制約される場合がある。そのうえ，実際に仕事を探す段階になっても物質的，概念的不自由さが障害者の就労を一層困難にする。こうした二重，三重もの壁が障害を持つ人たちの雇用率を下げている。そのためにキャリアとしての仕事ではなく，手に届く仕事を何でも受け入れる障害者もいる。そういった仕事はとかく長続きせず，生活の不安定さの悪循環に陥りやすい。

リハビリテーション・カウンセラーのアイデンティティは，障害を持つ人たちがキャリアを持てるように，あるいはすでに持っていたキャリアを保持できるようにサポートするところにある。リハビリテーション・カウンセラーがクライエントに言う決まり文句の一つは「単なる仕事を見つけるのではなく，キャリアを見つけるように」ということである。つまり，ただ仕事を探すのではなく，教育や訓練によって職業能力を磨き，自分の個性と価値観を反映するような，そして生涯にわたって追求できるようなキャリアを選び，実現していくようにとのメッセージである。このメッセージは，キャリアに至るプロセスのすべてを支えていこうとする専門家としての姿勢と，障害者の自立に価値を見出す理念とに裏打ちされている。

第2節　リハビリテーション・カウンセラーの機能

では，リハビリテーション・カウンセラーは実際に何をするのだろうか。その実践の最初の段階は，第3章第4節で取り上げたアメリカ人の「変化志向」と変化のプロセスによって説明

できる。すなわち，第一に問題を知ること，第二に目標を設定すること，第三に目標に至るまでの手段を決定すること，というプロセスである。こうしてはじめの段階で方向性を定めてからサービスが提供される。実際にリハビリテーション・カウンセラーがクライエントに提供するサービスが「目標を達成するための手段」である。サービスは，治療，訓練，教育，装具や機器の提供と，設定した目標に応じてさまざまな分野に及ぶ。最終的にその人が仕事に就くまでサービスの提供は続けられ，それは人によって数ヶ月から数年のプロセスとなる。

　リハビリテーション・カウンセラーの実践をもう少し具体的に見てみよう。障害を持つ人がクライエントとして初めてリハビリテーション・カウンセラーを訪れたときから実践は始まる。まず，問題を知ることが必要である。それはそのクライエントの全体像を理解することである。どんな障害を持っているか，診断名，症状，予後はどんなものであるのか，どんな治療を受けてきたか，また受けているのか，年齢，性別，家族構成，収入，学歴，職歴，職業興味，職業適性などをリハビリテーション・カウンセラーは知る必要がある。それらすべての情報を総合的に見て，そのクライエントにとって何が問題になっているのかを理解するのである。問題は必ずしも一つではない。複数の問題が複雑にからみ合っている場合がほとんどである。たとえば，電話対応の多い事務職にある人が聴力を失いつつあるとする。そのために仕事まで失う寸前にあって，リハビリテーション・カウンセラーを訪れたとする。事務の内容が電話対応を伴わなければ問題は違っていたかもしれない。また，現在の聴覚がどのくらいであり，今後どの程度の聴力を保持できるかで

も問題は違ってくる。その人が5人家族の大黒柱であれば，仕事を失うことによる経済的なプレッシャーも問題になるだろう。このようにクライエントの全体像を知ることによって問題を理解することが最初の段階である。その手段としては，クライエントとの面接，医師やその他の医療関係者からの報告書，各種の検査などがある。

　第二にその問題を解決すべく目標をクライエントとともに設定する。前述した聴覚を失いつつあるクライエントの例を用いると，現在の職場に残ることを目標とするかもしれないし，あるいは，職業訓練を受けて耳が聞こえなくてもできる仕事に再就職することを目標とするかもしれない。年齢や家族構成，経済状況によっては退職して障害年金を受給し始めるという目標も考えられる。どの目標を設定するにしても，クライエントに選択権がある。リハビリテーション・カウンセラーはクライエントがその時点での最善の選択ができるように医学的な情報，福祉機器に関する情報，職業に関する情報，そしてそれぞれの選択肢のメリットとデメリットを整理して提示する。

　第三が目標を達成するための方法，すなわちリハビリテーション・カウンセリングのサービスの内容を決定する段階である。前述のクライエントが現在の職場にとどまるという目標を設定したとする。この目標を選択するには，クライエントの聴力がある程度維持されるという判断が前提となる。その目標を達成するためには，まずクライエントにあった補聴器をリハビリテーション・カウンセリング・サービスの一環として購入できる。雇用主の理解が必要ならば，リハビリテーション・カウンセラーが雇用主に連絡を取り，クライエントの能力，補聴器の

購入，障害者を雇用する雇用主の義務などについて説明するのもサービスの一つである。サービスの内容はクライエントによって，また定められた目標によってさまざまである。心理療法，物理療法，作業療法などの治療を受けることがサービスの一つになることもあれば，教育，訓練を受けることがサービスの一部になることもある。また，どんな職業に就いたらよいかわからないでいるクライエントには，リハビリテーション・カウンセラーがキャリア選択のためのカウンセリングを提供する。いずれにしても必要なサービスはクライエントとカウンセラーの合意のもとに決定される。そして目標とともに計画書に記載され，クライエントとカウンセラーの双方が同意を示す署名をする。

　最後の段階が実際のサービスの提供である。それ以前の段階が確実に実施されるため，この段階では計画書にある内容を実施し，目標の達成を促す。就職，再就職を目標としたクライエントは，目標を達成した後3ヶ月間にわたってフォロー・アップのサービスが提供される。3ヶ月だけではあるが，クライエントが仕事になれ，すべてが順調に進んでいるのを確認するまでカウンセラーが関与する。

　さらに具体的に実践の内容を説明するためにリハビリテーション・カウンセリング資格認定委員会が定めた「リハビリテーション・カウンセラーの実践の規範」を引用する（CRCC, 2002）。当規範では「実践の範囲」を次のように定めている。

1. アセスメントと査定（assessment and appraisal）
2. 診断と治療計画（diagnosis and treatment planning）
3. キャリア・カウンセリング（career counseling）
4. 障害の医学的，心理的影響に適応するための個人カウンセリングとグループ・カウンセリング（individual and group counseling treatment interventions focused on facilitating adjustments to the medical and psychosocial impact of disability）
5. ケース・マネージメント，リファー，支援のコーディネーション（case management, referral, and service coordination）
6. プログラム評価と研究（program evaluation and research）
7. 環境，雇用，社会的態度に見られる障壁をなくすための介入（interventions to remove environmental, employment, and attitudinal barriers）
8. コンサルテーション（consultation services among multiple parties and regulatory systems）
9. 職業分析，職業開発，職業斡旋（job analysis, job development, and placement services）
10. リハビリテーション・テクノロジーについてのコンサルテーション（provision of consultation about and access to rehabilitation technology）

1「アセスメントと査定」は，クライエントの問題が何であるかを理解する目的を持っており，前述したように実践の第一段階である。クライエントの問題が何であるかを理解するために，クライエント自身から話を聴くことや医療関係者からの報告書を読むことだけではなく，リハビリテーション・カウンセラー自身，あるいは他の専門家が必要な検査を実施することもある。

例えば，クライエントの学習障害の有無を調べる学習障害検査，全般的な知能や学力を知るための心理・教育検査，認知障害のパターンを調べる神経心理検査，そして，職業興味検査，職業適性検査などである。これらすべての情報がいうなればジグゾーパズルのピースの一つ一つのような役割を持っていて，それらをつなぎあわせていくことによってクライエントの全体像と問題が明らかになるわけである。

2「診断と治療計画」とは，表現が医学的ではあるものの，目標を設定する段階と目標を達成するための手段を決定する段階を合わせたものである。この実践で大切になるのがカウンセラーではなく，あくまでもクライエントに自分が目指す目標とそれに至るまでの手段を決定する権利があることである。しかし，クライエントが的確な判断をできるように援助するのがカウンセラーの重要な実践である。そのためには前の段階で入手した情報を総合的にそして整理した形でクライエントに提示しなければならない。

3「キャリア・カウンセリング」は，リハビリテーション・カウンセリングの過程全般において必要な実践である。クライエントが自分の職業興味や職業適性に基づいて適切なキャリア選択，すなわち目標の設定ができるようにサポートするのもキャリア・カウンセリングとしての実践である。また，クライエントが仕事を探す段階において就職活動の方法を指導したり，実際に職場の斡旋をするのもキャリア・カウンセリングの重要な実践である。リハビリテーション・カウンセリングの過程で実践されるキャリア・カウンセリングで一番注意しなければならないのはクライエントの障害が仕事にどのように影響するかと

いう点である。障害を持つ人を対象にしたキャリア・カウンセリングがリハビリテーション・カウンセリングともいえる。だからこそリハビリテーション・カウンセラーはクライエントの職業能力や潜在能力が障害によってどのように影響されるかを注意深く評価しなければならない。過大評価も過小評価も避ける必要がある。

　4「障害の医学的，心理的影響に適応するためのカウンセリング」というのは，リハビリテーション・カウンセラーがつねに行っていなければならない実践の基礎である。それはクライエントの話に耳を傾けて聴くことであり，障害を持って生きていくことへの怒りや悲しみに共感的理解を示すことである。しかし，カウンセラーはただ話を聴いてうなずいていればよいというのではない。クライエントが自分の力で問題に向きあい，目標を設定し，それを達成できるような方向で面接を進めていかなければならない。カウンセリングの目的は，傾聴や共感的理解を通してクライエントの自己成長を促すことである。

　5「ケース・マネージメント」とは，クライエントへのサービスが順調に提供されるようにすべてのケースをきちんと管理することである。「リファー，コーディネーション」とは，ほかの専門家との協力関係を保つ実践である。リファーとは，自分がリハビリテーション・カウンセラーとして実践できる範囲外のサービスをクライエントが必要とするとき，そのクライエントを適切な専門家に紹介することである。たとえば精神障害を持つクライエントが投薬治療を必要とするとき，リハビリテーション・カウンセラーはクライエントを精神科医に紹介する。コーディネーションは，複数の専門家が一人のクライエントにか

かわっている場合，誰がどんなサービスを提供するかを明らかにし，調整することである。

6「プログラム評価と研究」とは，リハビリテーション・カウンセラーの目立たない実践である。プログラム評価とは，自身が属するプログラムを含めて，リハビリテーションのプログラムがその専門的な役割を効率的に果たしているかを調査するものである。効率的に運営されていないプログラムが見つかったら，そのプログラムに対するクライエントのリファーを差し控えることもある。研究とはリハビリテーション・カウンセリングに関する調査などの研究活動を示す。

7「障壁をなくすための介入」とは，リハビリテーション・カウンセラーが社会一般に対して行う実践である。よい例が障害に理解がない雇用主に対して，障害を持つ人たちの能力や権利，雇用主としての義務などを説明することである。障害者に対する理解がまだ不十分であるために，リハビリテーション・カウンセラーは，さまざまな場面でこの実践を行わなければならない。

8「コンサルテーション」とは，リハビリテーション・カウンセラーがその道の専門家として他の専門家にコンサルタントとしての役割を果たすことである。これは，ごく一部のリハビリテーション・カウンセラーに限られた実践である。労働災害の補償をめぐる裁判の法廷でクライエントの障害と職務能力などについて証言するのを専門とするリハビリテーション・カウンセラーがいる。これが数少ないコンサルテーションの例である。

9「職業分析，職業開発，職業斡旋」は，クライエントの就職を促すためのリハビリテーション・カウンセリングの最後の段

階での実践である。職業分析とは、ある職種の業務内容を細かく分析して、それが障害を持ったクライエントに執行できる内容かどうかを検討するものである。職業開発とは、ネットワークや電話攻勢などの手段を使って、障害者を雇用する職場を開発することである。職業斡旋とは、文字どおりあるクライエントにふさわしい仕事を見つけ、雇用主に連絡を取り、就職に至るまでサポートすることである。

10「リハビリテーション・テクノロジーについてのコンサルテーション」とは、最近になって注目されてきた実践である。テクノロジーの進歩は障害を持つ人たちの職業的な機会を広げてきた。目が見えない人のためにコンピューターの画面を読み上げるプログラム、手や足が使えない人にも車の運転ができるようになるための装置などはテクノロジーの賜物である。そして、かつては限られた職業にしか就けなかった障害者の就業の可能性を広げてくれる。そのテクノロジーに関する情報を持ち、必要にあわせてそれらを障害者に紹介し、購入してあげることがリハビリテーション・カウンセラーにとって大切な実践になってきている。

これらすべてがリハビリテーション・カウンセラーの実践、つまり仕事の内容となっている。段階を踏んだ、また広範囲の実践であることが理解できるだろう。簡単に言えば、障害を持つ人がキャリアを持ち、自立して社会に生きていけるようにできる限りのサポートを提供するのがリハビリテーション・カウンセラーの実践である。

第3節　リハビリテーション・カウンセラーの働く場と隣接領域との違い

　では，リハビリテーション・カウンセラーはどのような場で実践を行うのか。前章の第3節で説明したように，活動が始まったばかりのころの実践の場は，州の，すなわち公立のプログラムに限られていた。今でもかなりの割合で州の公務員として働くリハビリテーション・カウンセラーがいる。各州でリハビリテーション・カウンセリングのプログラムが存在し，独自の方法でリハビリテーション・カウンセラーの採用を行っている。たとえばマサチューセッツ州では州全体で21箇所にリハビリテーション・カウンセリングを実施している州の事務所が点在し，合計で300人強のカウンセラーが仕事をしている。

　民間のリハビリテーション団体もリハビリテーション・カウンセラーの職場である。前章の第3節でいきさつを見てきたように，公立のリハビリテーション・カウンセリングでカバーできない部分を補うべく，多くの民間のリハビリテーション団体が障害を持つ人の就労を支えてきた。ワークショップがそのよい例であり，そこでは障害が重度なために一般企業での就労が困難な人たちが，指導員の指導を受けて，基本的な作業をすることによって収入と働く場を得ている。リハビリテーション・カウンセラーはこうした民間のリハビリテーション団体でも働いている。

　州の機関で働いても民間の団体で働いてもリハビリテーション・カウンセラーの仕事自体には大きな差はない。違いがあるのは，州のリハビリテーション・カウンセラーは100から150

人のクライエントを持っているのに対して，民間のリハビリテーション・カウンセラーは30人程度のクライエントにとどまっていることである。もう一つの違いは，州のリハビリテーション・カウンセラーは全般的な障害を担当するのに対して，民間のリハビリテーション・カウンセラーは一つの障害を専門にする場合が多い。州のリハビリテーション・カウンセリングのプログラムが窓口的な役割を果たしており，クライエントはまず州のプログラムを訪れる。州のリハビリテーション・カウンセラーはクライエントの状況によって適切な民間のリハビリテーション団体にクライエントをリファーするのである。たとえば，脳障害を持つクライエントはそれを専門とする団体に，あるいは精神障害を持つクライエントはそれを専門とする団体にリファーするということである。そのため，民間のリハビリテーション団体で働くリハビリテーション・カウンセラーは，比較的少数のクライエントに密度の濃いサービスを提供するのである。

　興味深いリハビリテーション・カウンセラーの職場として挙げられるのが保険会社である。これはアメリカのシステムならではのものである。つまり，アメリカの労働災害保険は民間の保険会社がそれぞれの企業と契約して保障を行っている。業務上災害で障害を負った人たちの再就職を支援するのが，保険会社に働くリハビリテーション・カウンセラーである。保険会社に働くぶん高い給与を支給されるが，営利目的の企業活動の一部として行われているサービスのため，クライエントを早く再就職させるようにというプレッシャーも大きい。

　また，病院や大学に働くリハビリテーション・カウンセラー

もいる。特に大学がリハビリテーション・カウンセラーを募集するケースが増加している。ADAの制定後，障害を持つ学生に対するサービスを提供するために各大学で障害者サポート・センターが設置されるようになった。そこに障害に関する知識を持ったリハビリテーション・カウンセラーが働き，障害を持つ学生をサポートするのはごく当然の成り行きである。

これらが代表的なリハビリテーション・カウンセラーの職場である。他にも障害者の自立生活センター，アルコール・薬物依存の施設などで働くリハビリテーション・カウンセラーもいる。いずれにしても，リハビリテーション・カウンセラーが働く場は増加の一途をたどっている。

次に視点を変えてリハビリテーション・カウンセラーと隣接する領域の専門家との違いを見てみよう。リハビリテーション・カウンセラーという名称から，理学療法，作業療法などの療法としてのリハビリテーションとも，スクール・カウンセリングやメンタルヘルス・カウンセリングなどのほかのカウンセリングの領域とも混同されやすい。また，障害を持つ人の就労をサポートする職務柄，特にキャリア・カウンセラーとも間違えられやすい。さらにリハビリテーション・カウンセラーは障害手当の受給や福祉機器の購入のサポートなど，ソーシャル・ワーカーの業務にもなる仕事も担当するため，ソーシャル・ワーカーとの区別もされにくい。

実は，これらすべての隣接領域の業務の中間に位置するのがリハビリテーション・カウンセラーなのである。つまり，リハビリテーション・カウンセラーは，理学療法士や作業療法士が持つ障害に関する医学的な知識も習得している。他の領域のカ

ウンセリングにたずさわるカウンセラーと同様のカウンセリング能力も持っている。キャリア・カウンセラーのように職業適性を評価し，仕事の斡旋をすることもできる。ソーシャル・ワーカーのように社会資源をいかしてクライエントをサポートすることもできる。それがリハビリテーション・カウンセラーである。他の領域に見られないのは，障害とキャリアという二つの大きな課題の接点に焦点を当てているところである。すなわち，障害がクライエントに与える影響を理解しつつふさわしいキャリア選択とその実現の手助けをする。その意味でリハビリテーション・カウンセラーは他の隣接領域には見られないユニークな役割を担っている。

第 5 章

リハビリテーション・カウンセラーの教育

第1節 リハビリテーション・カウンセラーの教育体系

　リハビリテーション・カウンセラーになるためにはどのような教育を受ける必要があるのか。現在,「リハビリテーション教育協議会 (Council on Rehabilitation Education, 略称：CORE)」という団体がリハビリテーション・カウンセラーに必要な知識と能力を定めると同時に,教育機関を認可している。つまり,COREがリハビリテーション関係の学部,および大学院レベルの教育プログラムを作成し,そのプログラムを実施できる教員組織などを備えた大学を審査の上で認定するのである。第3章の第3節で述べたように,当初のリハビリテーション・カウンセラーは,障害やカウンセリングについての知識がない元学校の校長たちによって務められていた。それに対する反省から,1971年にCOREが創設された。以来,COREは障害を持つ人たちに的確なサービスを提供できる専門家の養成に貢献している。COREの認定大学となるためには履修科目とその内容がCOREのガイドラインにかなっているだけではなく,教授の人数や質,学校の設備,学生数などが基準を満たしていなければならない (CORE, 2004)。現存アメリカでは100を超

える大学がリハビリテーション・カウンセラー教育の認定校となっている。

実際にリハビリテーション・カウンセラーになるためには，まず，認定校となっている大学院の修士課程のプログラムに入学するところから始まる。学部レベルのリハビリテーション・カウンセラー教育は存在するが，それはあくまでも大学院への布石でしかない。大学院では次節で記述するように広範囲の知識と能力を獲得すると同時に，インターンシップを通して実践の力を身につける。インターンシップは必修であり，修士課程在籍中2年間にわたって行っていないと卒業できない。2年間の修士課程であるが，これは実にレベルの高い専門家教育である。つまり，この2年間の教育を受ければ，修了後実践の場で即働けるようにきたえあげられるのである。

無事に修士課程が終わると，次にはリハビリテーション・カウンセラーの資格試験を受けなければならない。この資格試験を実施し，資格保持者の管理を行うのが「リハビリテーション・カウンセリング資格認定委員会（Commission on Rehabilitation Counseling Certification, 略称：CRCC）」である。この試験は全国で年に2回，春と秋に実施される。受験者はリハビリテーション・カウンセリングに関する全般的な問題300題を6時間のテスト時間内に解答する。6割以上の正答率があればほぼ合格する。

この資格試験に合格して有資格のリハビリテーション・カウンセラー（Certified Rehabilitation Counselor, 略称：CRC）となると，ようやく就職活動ができる。州のリハビリテーション・カウンセリングの団体で働くとしても，民間の団体で働

くとしても CRC を持っていることが応募の条件となる。また，この CRC は5年ごとに更新しなければならない。更新するためにはリハビリテーション・カウンセリングの継続教育を5年以内に最低 100 時間受けていることが条件となる。継続教育はもちろん，リハビリテーション・カウンセラーとしての知識と能力を保つと同時に，時代の変化に対応できるような最新の情報を入手することが目的である。

これが大まかなリハビリテーション・カウンセラー教育の体系である。この体系を見ると，隣接領域の教育体系と似かよっていることがわかる。すなわち，修士課程レベルの教育，インターンシップの必修，資格試験，継続教育などは，ソーシャル・ワーカー，メンタル・ヘルス・カウンセラーなどと同じ体系である。人を援助する役割を担う仕事に就く人材には，それだけの高い教育水準と専門性が求められるということだろう。

第2節　リハビリテーション・カウンセラーに求められる知識と能力

上述したように，リハビリテーション・カウンセラーになるために必要な知識と能力を規定し，リハビリテーション・カウンセラーの教育機関の認定をするのは CORE である。本節では，CORE が 2004 年に改定した規程を参照して，リハビリテーション・カウンセラーに求められる知識と能力について紹介したい。

しかし，その前になぜ知識と能力なのかを明確にする必要がある。言葉の定義をすると，知識とは「何かについて知っていること」である。リハビリテーション・カウンセラーは仕事を

するうえで広範囲の知識を身につけていなければならない。知識は授業に出席して教授の話を聞き，記憶すれば獲得できる。しかし，知識はリハビリテーション・カウンセラーの必要条件ではあるが十分条件ではない。つまり，リハビリテーション・カウンセラーとしての仕事をするために必要な知識は持っていなければいけないが，その知識を持っていればリハビリテーション・カウンセラーが務まるということではない。そこで能力，「何かができる力」も必要になってくる。知識を使って障害を持つ人を助けられる能力である。こうした実践的ともいうべき能力は，実習を多く交えた授業に積極的に参加することによって，授業中に他の学生たちと体験や意見を交換することによって，さらにインターンシップで実際にクライエントと接することによって磨かれる。そうして磨かれた能力は，実際にクライエントを助ける際に知識と同様に，あるいはそれ以上によりどころとなる。だからこそ，リハビリテーション・カウンセラーの教育の内容には知識と能力の両方が盛り込まれている。

では，具体的な教育内容を CORE の規程を引用して紹介する。規程では，リハビリテーション・カウンセラー教育の内容として次の 10 項目を設定している。

1. 専門領域のアイデンティティ
2. 社会・文化の多様性にかかわる問題
3. 人間の成長と発達
4. 雇用とキャリア発達
5. カウンセリングとコンサルテーション
6. グループ・ワーク
7. 査定

8. 研究とプログラムの評価
9. 障害の医学的,機能的,環境的,心理社会的な側面
10. リハビリテーションのサービスと社会資源

次にこの項目一つ一つの内容を見てみよう。

1. 専門領域のアイデンティティ

　この項目の内容は,リハビリテーション・カウンセリングの全般的な知識を含む。たとえば,リハビリテーション・カウンセリングの歴史,理念,実践の範囲,法律,倫理,資格などである。これらの知識を身につけ,掘り下げていくことによって,実践の範囲に基づいて,理念的にも法律的にも倫理的にもかなった職務遂行能力を養うことが目的である。また,障害を持つ人たちの権利に関する法律や制度について理解し,説明できる能力も育てられる。

2. 社会・文化の多様性にかかわる問題

　この項目の内容は家族ダイナミックス,家族についての心理・社会的理論,文化の多様性に関する問題などである。これらの項目を学ぶことによって,リハビリテーション・カウンセラーは,家族のあり方,心理・社会的な要素,文化的な価値観がどのように人間の態度や生き方に影響するかについての知識を身につける。それによって,クライエントの家族的,社会的な背景,障害に関する価値観を理解したうえでカウンセリングを進められる能力を身につける。

3. 人間の成長と発達

この項目では，身体，感情，認知，行動，人格などのあらゆる側面での人間の発達について学ぶと同時に障害，加齢などの要因で起こる変化にかかわる問題についての知識を身につける。それによって，あらゆる発達段階にある人たちのニーズを理解し，障害や加齢などによって変化を経験している人たちがリハビリテーションの過程において成長をとげられるようにサポートする能力を磨く。

4. 雇用とキャリア発達

ここではキャリアについてと障害者の雇用についてのあらゆる知識を習得する。たとえば，職業情報，職種とその仕事内容についての知識，キャリア発達の諸理論，キャリア計画の立て方，職業適性とその評価法，労働災害保険や障害年金などの制度，障害者の残存能力査定法，就労に必要な福祉機器，職業斡旋の手法などである。その結果として，障害を持つ人たちの能力と適性を理解して，適切な職業に就けられるように，また必要な福祉機器を紹介できるような能力を身につける。

5. カウンセリングとコンサルテーション

ここではカウンセリング理論，パーソナリティ理論，面接やカウンセリングをするための技法，精神医学などについての知識を身につける。それによって，カウンセラーとしてクライエントに接し，クライエントの人間成長と問題解決能力を促進する方向でカウンセリングを進める能力が養われる。また，精神医学の知識を用いて，クライエントの症状を理解し，必要に応

じて危機介入をする能力も身につける。

6. グループ・ワーク

　ここでは家族，チーム・ワークなど，いくつかのグループに関する理論について学ぶ。目的は，リハビリテーション・カウンセラーとして，クライエントの家族と効率的に働けるようになること，他の専門家とのチーム・ワークを保てるようになること，またクライエントのグループのリーダーとしてグループを指導できることなどである。

7. 査　　定

　この項目を通して，クライエントの障害の状態，残存能力，潜在能力，職務遂行能力，必要な福祉機器などを査定するために必要な知識を身につける。査定の方法としては知能テスト，学力テスト，職業能力評定などさまざまである。カウンセラーとして，それらをすべて実施するわけではないが，どの査定が必要かを判断し，査定の結果を理解，分析し，それをクライエントに説明をしたり，結果をリハビリテーション・カウンセリングに反映させる能力が養われる。

8. 研究とプログラムの評価

　これはリハビリテーション・カウンセリングの領域に関する研究である。統計や論文を読み，あるいはリサーチ・プロジェクトに参加したりするために必要な知識を身につける。それによって，つねに最新の研究成果，統計に基づいたサービスを提供する能力，あるいは領域の向上に貢献する能力が育てられる。

9. 障害の医学的, 機能的, 環境的, 心理社会的な側面

　この項目では, 障害を理解するための知識を身につける。身体, 精神, 学習障害がどのように発症し, どのような症状があり, どのような治療があり, それらが心理・社会的にどのような影響を及ぼすか。これらの知識に基づいて, クライエントの障害を多角的に理解して, リハビリテーション・カウンセリングの計画を立て, 必要とされるサービスを適切に提供できるようになる能力を育てる。

10. リハビリテーションのサービスと社会資源

　この項目ではさまざまな, リハビリテーションのサービスについての知識を得る。たとえば学校教育のもとで行われている特殊教育, 自立生活センター, 学校から社会への転換を支援する制度, 企業にある障害者支援制度, あるいは公共の交通機関で利用できるサービスなど, クライエントが社会の一員として享受できるサービスに関する知識である。これらの知識を身につけることによって, カウンセラーとしてクライエントが必要とする情報を適切に提供できるようになる能力が育てられる。

　COREの規程に掲げられた項目はリハビリテーション・カウンセラー教育に必要な内容として容易に理解できるが, なかなかつかみにくいのは, 身につけた知識がどのように能力にまで発展できるかである。そのプロセスに多大に貢献するのが必修となっているインターンシップである。日本語に置き換えると「臨床実習」という表現がふさわしいのだろう。すなわち, まだ修行の身にある学生が実践能力を身につけるために実際の職

場で実習をするのがインターンシップである。インターンシップを利用して実習をしている学生がインターンと呼ばれている。アメリカでは，カウンセリングの領域だけにとどまらず，さまざまな分野でインターンとして実践の能力を身につける機会が与えられる。修士課程レベルでのリハビリテーション・カウンセラー教育では，1年目と2年目と別の施設でのインターンシップが義務づけられている。インターンとして勤務に服する時間数の合計は最低でも600時間と定められている。そのうちの240時間は直接クライエントに接する時間でなければならない。つまり，インターンシップに参加して，そこでただ教科書を読んだり，事務作業をしたりしていればよいというものではない。インターンの学生とはいっても，実践の機会を本当に与えられる。実際に勤務している人との違いは，指導してくれる人たちがいるかいないかである。つまり，インターンシップでは，現場でリハビリテーション・カウンセラーとしての資格と経験を持った人がスーパーバイザーとして指導してくれる。大学院では臨床演習の授業を担当する教授がいて，授業でインターンシップ先での問題や課題について話し合える。スーパービジョン付の実践の機会であるインターンシップを利用して，机上の知識をクライエントを援助するための実践に生かしていく。そうした体験学習をとおして専門家としての能力を高めていくのである。

　最後に，リハビリテーション・カウンセリングの修士課程における典型的な履修科目を参考として学期ごとに表にまとめる。

表 リハビリテーション・カウンセリング修士課程のカリキュラム（一例）

1年次 秋	リハビリテーション・カウンセリングの基本 キャリア発達とリハビリテーション・カウンセリング 身体障害の心理・社会的側面 臨床演習 インターンシップ（週16時間）
1年次 春	職業評価 障害における家族の役割 リハビリテーション・カウンセリングの倫理 臨床演習 インターンシップ（週16時間）
2年次 秋	リハビリテーション・カウンセリングにおけるケース・マネージメント 精神障害の心理・社会的側面 リハビリテーション・カウンセリングの研究法とプログラム査定 臨床演習 インターンシップ（週24時間）
2年次 春	リハビリテーションと医学知識 障害管理 アルコール・薬物依存の治療とリハビリテーション 臨床演習 インターンシップ（週24時間）

第3節　リハビリテーション・カウンセラーの倫理教育

　リハビリテーション・カウンセラーの教育の中で特に重要視されるのが「倫理教育」である。資格を取得した後の継続教育でも100時間の継続教育のうち10時間は必ず倫理に関する教育に費やさなければならない。それだけつねに学習をしなおして、肝に銘じておくことが求められる。

　それでは、倫理とは何なのだろうか。ここで2002年にCRCCによって改定されたリハビリテーション・カウンセラー

の倫理綱領をひもといてみよう（CRCC, 2002）。

　リハビリテーション・カウンセラーのための倫理綱領では，まず第一にリハビリテーション・カウンセラーは障害を持つ人たちの個人的，社会的，経済的自立を促進するという役割を担う，とある。この役割を果たすためには「実践の範囲」に沿った実践を行うことと同時に，倫理綱領にかなった実践を行うことも重要であると書かれている。いうならば，実践の範囲は外側からリハビリテーション・カウンセラーの役割を規定し，倫理綱領は内側からその行動，態度を規定するといってもよい。アメリカで人を助けることを主な仕事とするどの専門家の領域も，ほとんどがその領域独自の倫理綱領を持っている。たとえば医師，看護師，心理学者がその例である。倫理綱領では，実践の具体的な場面でするべきこと，するべきでないことが細部にわたって定められている。つまり，専門家としての責任ある役割を果たすために，倫理性の高い実践を領域として自らに課しているわけである。リハビリテーション・カウンセラーの場合もそうであるが，倫理綱領に反する実践を行うと資格を剥奪される場合もある。

　リハビリテーション・カウンセラーのための倫理綱領は次の五つを原則として定めている。自律性（autonomy），慈善性（beneficence），非有害性（nonmaleficence），公平性（justice），誠実性（fidelity）である。

　綱領ではそれぞれを次のように定義している。
　自律性＝個人が決断をする権利を重視する。
　慈善性＝人に良いことをする。
　非有害性＝人に悪いことをしない。

公平性＝公平であり，人を平等に扱う。
誠実性＝忠実，正直であり，約束を守る。

　自律性とは，クライエントが自分で考え，選び，決めていくプロセスを重視するための原則である。カウンセラーがクライエントのために目標を設定したり，仕事を選択したりするのではない。クライエントが自己選択をすることが重要なのであり，それをサポートするのがカウンセラーの役割なのである。次の慈善性と非有害性とは，主にクライエントに対して有益なサービスを提供し，有害なサービスを避けるための原則である。しかし，その範囲はクライエントだけにとどまらず，同僚のカウンセラー，チームとして働く他の専門家，あるいは一般の市民にとっても有益で害のない影響を及ぼすことが求められる。公平性とは，どのような状況にあるクライエントも平等に扱うための原則である。これは，多民族国家であり，さまざまな人種と民族，宗教的な背景，または性的な志向を持つクライエントに遭遇することが予測されるアメリカのリハビリテーション・カウンセラーにとってはとくに肝に銘じておかなければならない原則である。誠実性とは，クライエントを含めて業務上かかわりを持つ人たちに対して誠実な態度で接するための原則である。たとえば，約束を守る，できないことをできないと言うなどである。また，この原則にはクライエントのプライバシー，個人情報の保護，インフォームド・コンセントなどの実践も含まれる（Cottone & Tarvydas, 2003）。

　倫理綱領ではこの五つの原則を基に実に細目にわたってリハビリテーション・カウンセラーがしなければならないこと，し

てはならないことが規定されている。原則だけを見ていると常識の範囲であり，それに関して特別な教育や訓練は必要ないように思える。しかし，実践の中で二つ以上の原則がぶつかりあうようなケースに遭遇することがしばしばある。これは原則間でのジレンマと呼ばれる（Corey, Corey, & Callanan, 1998）。このジレンマがあるからこそ常識だけで倫理にかなった実践を行えないのであり，また倫理教育が必要にもなる。

　最もわかりやすいジレンマの例は自律性と非有害性の間の葛藤である。たとえばクライエントの一人が実現不可能な目標を持ってやってきたとする。クライエントの自律性を尊重してその選択と判断を優先させようとすれば，そのクライエントが目標の達成途上で失敗するのをみすみす容認することになり，それは非有害性の原則に反したことにもなる。かと言って失敗することがわかっているからとクライエントの目標を受け入れなければ，それは自律性の原則に反したことになる。実践の場では自律性を取るか，非有害性を取るか，カウンセラーが状況によって決断しなければならない。

　次の二つの事例は，両方ともクライエントが設定したキャリア目標が現実的でないという理由から自律性と非有害性の間にジレンマが発生した実践の例である。

事例A

　Aは23歳の女性で，幼いときに脳出血の発作を起こして右側マヒの障害を持っている。自立歩行はできるものの，右足をひきずって歩き，長い距離を歩くことはできない。また，右手をかろうじて動かせても，何かを持ったり，指を使ったりする

ことはできない。高校を卒業した後,スーパーのレジ係や単純な事務などの仕事をしたがどうも何をやってもうまくいかない。Aは仕事がうまくいかなかったのは上司が障害者に対して差別的な態度を取るからだと思っている。

　Aは裕福な家に育ち,両親は彼女の希望は何でも聞き入れてきた。そのためか,自分の思いどおりにならないことがあるとAは他人に責任を押し付けることがよくある。

　Aの現在のキャリア目標はダンサーになることである。今に至るまでダンスのレッスンを受けたことはないが,テレビでプロのダンサーを見ていて素敵だと思ったし,自分にもできるはずだと思った。

事例 B

　Bは40歳の男性である。35歳になるまで15年間自動車修理の仕事をしていた。家族内で問題が多発し,最終的に妻の家出がきっかけとなって重いうつ病を発症した。仕事もやめざるをえなかった。5年間にわたる投薬治療とカウンセリングを通してなんとか仕事を再開できるところまでたどりついた。薬だけは今も飲み続けていて,副作用で日中に眠気に襲われることが多い。

　Bは最近大きな募集広告を見てバス会社に運転手として応募した。運転するのは好きだし,過去の経験から車についての知識は持っているという。薬についてはバス会社に知られない限り問題はないと考えている。

　この二つの事例を読んで,自分が担当するリハビリテーショ

ン・カウンセラーだったらどのような対応をするかを考えてみよう。双方ともクライエントが適切でない目標を選択しようとしている。自律性を尊重してとりあえずクライエントの設定した目標を支持するか、あるいは非有害性を尊重してその目標をあきらめるようにクライエントを説得するか。実際の事例に触れて自分があたかも担当のリハビリテーション・カウンセラーであるかのように考えてみると何が問題となり、どんなジレンマが存在し、どのようなアプローチを取るのが倫理的なのかを判断するのが簡単ではないことがわかる。

　Aの場合は彼女がダンサーになれるだけの身体機能を持ち合わせていないのが現実である。無理にダンスの練習をすれば、マヒのある体に負担がかかり、怪我をするのが落ちである。それゆえ、リハビリテーション・カウンセラーとしてAの夢の実現に貢献するのは非有害性の原則に反することになる。かといって頭ごなしに反対すれば、それは自律性の原則に反するわけである。またリハビリテーション・カウンセラーがいくら反対してもAは聞く耳を持たないだろう。それゆえ、このケースではクライエントの自律性を尊重したアプローチを取ることが考えられる。たとえば、Aがダンサーとして生計を立てている人から話を聞く機会を用意する、ダンス・スクールの体験入学に申し込むなどから始める。大切なのは、Aの自律性を尊重することによって、彼女が自分の目と耳と体でダンサーになれないという現実に気づいていくことである。

　Bの場合は逆に非有害性を尊重する、つまりクライエントや一般市民が危険にさらされるのを避けるというアプローチを取るのがふさわしいだろう。Bが眠気を催しながらバスを運転す

ることから生じる有害性があまりにも大きく，それに比べれば彼の自律性が損なわれることはやむをえないと考えられる。だから，リハビリテーション・カウンセラーとしてはあらゆる手段を使ってBがバス会社への応募を取り下げるように説得しなければならない。

　実は，リハビリテーション・カウンセラーの倫理教育ではこうした事例が多数検討される。事例を通して倫理綱領の細目とその意味を理解すると同時に存在する問題，ジレンマを把握し，そのうえで倫理綱領にかなったアプローチを決定し実行する力をつけていくのである。それはリハビリテーション・カウンセラーにとって必須の能力といえる。

　視点を変えて別のタイプのジレンマを紹介する。次の二つの事例を読みながら，何がジレンマなのか，どのような対応をすることがより倫理にかなっているかを担当するリハビリテーション・カウンセラーの立場で考えてみよう。

事例C

　Cは17歳の女子高校生である。半年前から毎月リハビリテーション・カウンセラーのもとに通い，今後の進路の相談をしている。子どもが大好きなCは，将来保育士になることを目指しており，そのために大学の保育科に進学したいと思っている。軽い難読症と診断されているCが的確に進路選択ができるようにリハビリテーション・カウンセラーはサポートを提供している。半年の間にクライエントとカウンセラー間の信頼関係がしっかりと築かれ，Cはカウンセラーに対していろいろな相談ができるようになっていた。

ある日，リハビリテーション・カウンセラーのもとに切迫した声でCが電話をかけてきた。話を聴くと，Cは泣きながら自分が妊娠していることを打ち明けた。自分であやしいと思って検査薬を買って調べてみたら陽性の結果が出たという。子どもの父親は高校の同級生で，おそらく妊娠3ヵ月と思われる。まだ誰にもこの話はしていないし，誰にも話したくない。リハビリテーション・カウンセラーなら秘密を守って助けてくれると思った。このままでは大学進学の夢もかなわない。何よりも親に知られたら勘当される。だから中絶したい。信頼できる医者を知っているか，というのが電話の内容だった。そしてCは，何度も親には内緒にしてほしいと懇願した。しかし，法律では未成年者の妊娠を知った教師，医師，カウンセラーなどの立場にある人たちは，その未成年の親に報告することと定められている。

事例D

　Dは36歳の男性である。5年前に工事現場で働いていたときに事故で右足首下切断の大怪我を負った。仕事中の事故だったにもかかわらず，会社はある程度の一時金をくれただけで，他には何もしてくれなかった。足を失ったことの衝撃からも立ち直れず，そのうえ収入のない状態が続いた。心の支えにしていた妻は，子どもをつれて出て行き，しばらくしてから離婚を請求してきた。さらに悪いことには，住んでいた家がローンを払えないために競売にかけられることになった。Dは絶望のどん底に突き落とされたようだった。仕方なく一人暮らしをしている母親の元に身を寄せることにした。母親は亡夫の遺族年

金でかろうじて生計をたてているので，Dには経済的な支援はできなかったが，とりあえず住む場所は提供できた。生活を一緒に始めてから，母親はDの落ち込みぶりが尋常でないことに気づいた。一日中部屋に閉じこもり，食事さえ手をつけない。母親なりに考えて，精神科に受診させると同時に，リハビリテーション・カウンセラーとの予約も取った。仕事を始めたら息子も前向きになれるだろうと思ったからである。Dはどちらにも行くことをためらったが，母親の手前しぶしぶ精神科医とリハビリテーション・カウンセラーに会いに行った。

　リハビリテーション・カウンセラーは初回の面接でDのうつ状態がかなり重症であることを観察した。Dは精神科医に抑うつ剤を処方されたが飲んでいないと言った。理由を尋ねると，薬などで自分の苦しみは癒せるはずはないという答えが返ってきた。リハビリテーション・カウンセラーはその回答を聞いた時点で将来の仕事よりも現在の心理状態に話の焦点をずらした。Dはとにかく何もする気になれないと言った。自分の人生が事故に遭ったときにとまってしまったようで，それ以後は生きている理由も見出せない。そして，時折自ら命を絶つことも考えていると言った。もっと話を聞いていくと，Dが具体的に自殺の方法まで考えていることがわかった。

　この二つの事例はどちらも非常に重い背景を持っている。自分がリハビリテーション・カウンセラーとしてどのように対応するか考えてみてそれだけで話の重さにつぶされそうに感じたとしても無理はない。しかし，リハビリテーション・カウンセリングの実践においてこのような場面に遭遇することの頻度は

非常に少ないものの，十分に予測できる。だからこそリハビリテーション・カウンセラー教育の一部としてこのような事態に備えておく必要がある。

　事例CにもDにも同じ種類のジレンマが存在するといえる。誠実性で定められるクライエントのプライバシー，個人情報の保護と，専門家としての報告の義務との間のジレンマである。専門家としての報告の義務というのは，慈善性にも非有害性にも通じるものである。つまり報告することがクライエントにとって最終的に有益であり，クライエントを害から守れるかという問題である。Cの事例では母胎の保護，Dの事例ではDの生命の保護のためには誠実性の原則に反することもやむをえない。とくにCの場合は，未成年者の妊娠の報告が法律上で定められているからには，リハビリテーション・カウンセラーとしては親に報告する法的な義務がある。Dの場合でもすでに自殺する具体的な手段を考えているわけだから，Dがそれを実行する可能性はある。精神科医と母親にも連絡を取り，Dとの会話を報告する必要がある。Dの精神科医はその報告を受けてDの安全を確保するための入院を指示することもできる。ただ，リハビリテーション・カウンセラーとして考えなければならないのは，クライエント自身に報告の義務について知らせるかどうか，また知らせるとしたらどのように説明するかである。Cの場合をみても，Cは親に言わないでほしいと懇願しているわけである。それに反して報告をするからにはきちんとした説明をCにしてあげることが望ましい。それがCにどのように取られるかは別な問題であるが，説明をせずに親に連絡を取ればクライエントとカウンセラーの間の信頼関係はもちろんのこと，

Cの今後の，人間への信頼感も損なわれる可能性がある。Cがこの出来事をきっかけとして，これからの人生の中でサポートを提供してくれるはずの専門家に対して信頼感を持てなくなってしまったら，それはまた別の意味で非有害性の原則に反したことになる。

　このように，リハビリテーション・カウンセラーの立場で実際にジレンマを生ずる事例について考えてみると，倫理にかなった実践を行うことがどれほど微妙で複雑かがわかるだろう。だからこそしっかりとした倫理教育が大学院レベルで必要なのであり，また継続教育のなかでも繰り返し学んでいかなければならないのである。最後に付け加えると，実践の場でこのようなケースにであったときには，必ず職場の同僚や上司などに相談して解決法を協議することが奨励されている。倫理の問題は，何が正しいか，正しくないかが誰にとっても明確であるわけではないために，一人で抱え込まず，知識と経験のある専門家と共有して答えを出していくのが得策なのである。

第6章

リハビリテーション・カウンセリングの事例

　第5章まではリハビリテーション・カウンセリングの理念，背景，実践などについて概説してきた。この章ではリハビリテーション・カウンセリングの生きた実践を紹介するために具体的な事例を取り上げる。ここに登場する10人はすべて著者がリハビリテーション・カウンセラーとして仕事をするなかでかかわったクライエントである。リハビリテーション・カウンセラーがさまざまな障害を持つ人に対してさまざまな段階でさまざまなサポートを提供していることを紹介できるように，できるだけバライエティに富んだ10の事例を選考した。クライエントのプライバシーと個人に関する情報を保護するために年齢，性別，診断名，仕事の内容の一部を多少変えて記載している。

事例A：アリシア

　アリシアは26歳の女性である。全身に奇形をもたらすゴルツ症候群という病気を持って生まれた。生まれたときは，心臓の奇形のために1歳の誕生日を迎えられないだろうと医師に宣告された。それが生後4ヶ月目に受けた手術によって生命が保障された。しかし，彼女の奇形は心臓だけではなかった。背骨にも奇形があるために身長は今でも140センチにとどまっている。足の形成も通常とは違うので，足を引きずりながらしか歩

けない。しかも，おしゃれなハイヒールなどは履いたことがなく，いつも装具がついたスニーカーをはいている。左右の手の指は4本ずつで，手先を使う仕事はゆっくりしかできない。全身の肌には突起があちこちにあり，それを治療するための整形手術を何度も受けてきた。しかし，何よりもアリシアを苦しめてきた奇形は顔にある。垂れ下がった瞼，ゆがんだ唇と鼻，位置がずれたところにある耳。それらはすべて人目につく明らかな奇形で，26歳に至るまでの自我をひどく傷つけてきた。

アリシアがリハビリテーション・カウンセリングのサービスを求めてきたのは1年半ほど前のことである。野球帽を目深にかぶり，サングラスをして現れた彼女は，ためらいながら自分の生い立ちを語ってくれた。障害のために進級も遅く，20歳のときに高校を卒業した。学校では学友からのいじめに遭い，よい思い出などほとんどない。高校卒業後は大学に行く気もなく，近所の家族経営のドラッグ・ストアでパートタイムで5年間働いた。パートで働く段には政府から支給される障害者給付を満額もらえて，経済的には困難はなかった。しかもこのドラッグ・ストアの経営者夫婦は子どものころからの知りあいで，アリシアが心を許せる数少ない人のグループに属した。店の掃除，商品棚の点検と整理，在庫の管理と，アリシアは熱心に働いた。この仕事をするうえでアリシアの障害は障害にならなかったのである。雇用者もアリシアの働きぶりに大満足していた。しかし，個人経営のドラッグ・ストアが大手の店舗に圧迫される潮流に逆らえず，アリシアが25歳のときに店じまいとなった。仕事を失ったアリシアは独力で仕事を見つけようとしたが，1年経っても見つけることができず，州のリハビリテーション・カ

ウンセリングのサービスを受けることにしたのである。

　アリシアの就職活動は，彼女の身体機能，通勤の便，パートという条件などのいくつかの要因によって必然的に限られてしまっていた。それでも幸いなことにアリシアは自分にできるパートの仕事を見つけてくる能力は持っていた。何よりも困難な要因は，アリシアを見る採用者の目だった。アリシアの障害を見ただけで不採用を決定する雇用主が多かったのである。それは許せない差別であるが，採用者はいろんな言い訳をしてアリシアの就職へのドアを閉ざす。一度などは，アリシアを面接した女性がアリシアのスニーカーを指して，「仕事の面接に来るのにそんなカジュアルな靴しかはいてこない人を当社は雇いません」と言った。内向的なアリシアは，自分がなぜ「そんな靴」しかはけないかを説明することもできずに面接を終えた。アリシアが家に帰ってきて人知れず泣いたのは当然のことである。そんななかで，アリシアは徐々に就職に対する自信と希望を失っていき，リハビリテーション・カウンセリングに援助を求める決意をしたのである。

　アリシアのリハビリテーション・カウンセラーは次の二つのアプローチをした。まずはアリシアが応募したいと言う職場の人事に先回りをして連絡を取る。アリシアのために advocate するのが目的である。アリシアがどれだけ仕事熱心であるか，好ましい人物であるか，募集されている仕事をする能力を持っているか，どれほど職場に貢献できるか，そして彼女の障害がいかにこれらのプラス要素を左右しないかを説明する。前もってこういう説明を聞く方が，障害について知らずに最初からアリシアに会うよりも採用者にとっては受け入れやすいのである。

それでも受け入れられないような職場なら、そもそもアリシアにとって望ましい職場ではないのである。

　次に取られたアプローチは、アリシアの中に自信をはぐくむことである。障害のために学校時代は級友から不公平に扱われてきた。今も友達といえる人は片手で数えられるほどしかいない。自分が価値ある存在であり、社会に貢献しつつ生きていけるという感覚がまったくない。そのうえ、ここ1年にわたる就職活動でもともとなかった自信がさらに削られていった。アリシアのリハビリテーション・カウンセラーはカウンセリングを通してアリシアが自分の長所、成果、成長というプラスの素材に目を向けられるように努めた。他にも、就職面接のテクニックを磨くワークショップに紹介したり、就職活動をしている障害者の自助グループに紹介したりもした。これらはすべてアリシアを力づけ、自信を持たせ、障害こそ持っていても胸を張って生きていけるのだという感覚をはぐくむ助けとなった。もちろん一朝一夕にその境地に至れるわけではないが、こうしてリハビリテーション・カウンセラーが障害を持つ人を empower していけるのである。

　アリシアが州のリハビリテーション・カウンセリングのサービスを求めてから1年後、ようやく仕事先が見つかった。動物好きの彼女は、ペット・ショップや動物病院で動物にえさをやったり、オリの掃除をしたりするパートの仕事を候補の一つにしていた。これは悲しい現実ではあるが、友達の少ない彼女は、自分の家に犬を2匹、猫を3匹、小鳥を5羽飼っていて、動物の世話なら自信を持ってできるということに気づいたからである。地元の動物病院でぴったりのパートの求人をアリシアは見

つけてきた。リハビリテーション・カウンセラーはアリシアの了解のもとにこの動物病院の人事担当者に連絡を取った。担当者の対応は非常によく，その電話でアリシアのために面接の予約を取ることができた。アリシアはそれまでの経験を活かして，自信を持って自分にできることを面接者に伝えられた。採用の連絡を受けたアリシアが涙を流して喜んだのは言うまでもない。カウンセラーによる advocate と empower が有効に活用された事例である。

事例 B：ボブ

ボブはパーキンソン病をわずらっている 56 歳の男性である。元俳優のマイケル・J・フォックスと同じ，原因不明の進行性の病いである。ボブは 30 年近くトラックの運転手をしてきたが，パーキンソン病の症状によって運転ができなくなってきた 5 年前に退職せざるを得なくなった。それでも，今も彼は仕事という形で社会に貢献したいと願っている。通院以外には一人暮らしのアパートにこもっている孤独で非生産的な生活が耐えられないのだという。そういう理由で彼は州のリハビリテーション・カウンセリングのサービスに申し込んだ。

パーキンソン病とは，脳と体の筋肉の間で働く信号がなんらかの理由で本来の働きをしなくなる病気である（National Institute of Neurological Disorders and Stroke, 2007）。運動機能の低下を伴う進行性の難病で，北米大陸では人口 10 万人中 100 から 250 の患者数を数える。最も知られている症状は，手足の痙攣，全身の筋肉の硬直，体の動きの鈍化などがある。結果として，歩行の困難，バランスの欠如，頻繁な転倒，飲食や

発声の困難などが見られる。進行の度合いは人によって異なる。最悪のケースでは体がまったく動かなくなることもあり、また認知機能に障害が発生する場合もあれば、うつ病をわずらう患者も多い。パーキンソン病自体は死因にはならないが、転倒によって、あるいは肺炎を併発することによって死に至るケースもある。多くのパーキンソン病患者は比較的遅い病状の進行によって、ある程度の社会生活を営むことができる。

　ボブが初めて担当のリハビリテーション・カウンセラーに会ったのは半年ほど前のことである。カウンセラーはボブの症状と生活の様子を注意深く聞き、観察した。その時点でのボブは右手に一点杖を持って歩行していた。パーキンソン病の症状の一つであるバランスの困難があり、ボブの歩行はかなり不安定に見えた。つまり、いつ転んでもおかしくないような歩き方をしていた。ボブ自身もそれを認めており、家で何回か転倒したことがあると報告した。住むアパートの中にはつかまるところが何もなく、とくにトイレとシャワーを使うときが困難だという。これでは転倒するのも無理はない。ましてや外出のときにはもっと危険が伴うことは明らかだった。歩行だけが問題だったのではない。痙攣や筋肉の鈍化は、ボブの日常生活をあらゆる場面で困難にしていた。たとえば、食事の準備ができない。買い物に行っても荷物を持ち運ぶのが容易ではない。洋服の着脱にものすごく時間がかかる。

　発声の困難のために電話すらもかけられない。カウンセラーが話を聴いていくうちに、ボブの生活の困難さが浮き彫りになってきた。これでは仕事を探すどころではない。

　ボブのリハビリテーション・カウンセラーは、仕事を探す前

に日常生活を安定させる方がボブにとって重要だと判断した。第一に家庭内での安全確保である。リハビリテーション・カウンセラーは，作業療法士がボブのアパートを訪問して必要な機器の査定をする手続きを取った。派遣された作業療法士が提案したのは次の何点かである。アパート内のスロープと手すりの設置，座ってシャワーを浴びられるようなシャワー・チェアの設置，トイレの脇の手すりとボブの身長に合った便座の設置である。この査定結果を受けて，リハビリテーション・カウンセラーは州の負担でボブのアパートの改造をするように手配した。

　第二に，ボブには家事や身の周りの世話をしてくれる人が必要である。州が運営する医療保険には，病気や障害のために身の周りのことができなくなった人を対象に日本でいう介助ヘルパーのような人材を派遣する制度がある。このヘルパーは，Personal Care Attendant, 略称：PCA と呼ばれ，身体に障害を持つ人たちの家庭での自立を支える大切な人材である。リハビリテーション・カウンセラーはボブがこのヘルパーの派遣を受けられるように手続きをした。1ヶ月の審査のあと，毎日4時間，ボブの入浴と着替えを手伝い，買い物に同行し，食事の準備を手伝ってくれるヘルパーのサービスを使えるようになった。

　第三に移動，交通の便の確保である。リハビリテーション・カウンセラーはボブの主治医に連絡を取り，ボブに車椅子を処方するように依頼した。医師の処方があると車椅子が医療保険を通して無料で支給されるのである。しかし，車椅子だけではボブが行きたいところに行けるとは限らない。そこで，カウンセラーは「RIDE」という障害者のためのタクシーサービスにボブが申し込みをするのを手伝った。RIDEというのは，公共の

交通機関を利用しにくい障害者のために交通の便を確保することを目的にして始まったサービスである。家から目的地までの往復，つまりドアからドアまでを運転手が送り迎えしてくれる。車椅子利用者にはリフトつきのバンが派遣され，そうでない人には乗用車が派遣される。費用は自己負担になるが，非常に低価格に設定されている。このサービスによってボブは行きたいところに安全に行ける自由を獲得できた。

　ボブに対するリハビリテーション・カウンセリングのはじめの6ヶ月は，こうして日常生活を安定させるために費やされた。ボブはいろいろなサービスを利用できるようになってはじめてそれまで自分がどれほど困っていたかを痛感したという。就職の前提には，ある程度の症状の安定と生活の安定がある。それらが獲得されて，ようやくボブにとってどんな仕事がふさわしいかを話し合えるようになる。リハビリテーション・カウンセリングはただ仕事の獲得だけを目指しているのではない。職業は人間生活のさまざまな側面の一部にしかすぎない。生活の全体像をとらえること，人間生活を包括的にとらえることは，リハビリテーション・カウンセラーに求められる大切な視点なのである。

事例C：クリス

　クリスは33歳の男性である。3年前，担当するリハビリテーション・カウンセラーに初めて会ったとき，彼は自分の障害が何であるかも知らなかった。3年間かけて，自分の障害を理解し，必要な訓練と教育を受けて，ようやく仕事に就くところまでたどりついた。

クリスは，中学生のころから学校の勉強についていけない自分に気がついていた。授業に集中できない。教師の言っていることが理解できない。宿題を終わらせることができない。学校だけではなく，日常生活でもできないことが多かった。約束してもすぐに忘れて守ることができない。部屋の整理ができない。時間，金銭の管理ができない。高校を卒業するのがやっとで，大学に進学しようとは考えてもみなかった。就職したものの，与えられた業務をどうにもこなせなくて仕事を転々とした。仕事の手順を覚えられないし，手をつけた仕事も最後までやりとげられない。たとえば計算機を使って何かの合計を出していたとする。そのときに電話が鳴って受話器を取る。数分間電話応対をすると，もう自分が何をしていたか思い出せないのである。最初は今の仕事が自分に合わないのだと思った。しかし，仕事を変わっても結果は同じだった。どうしてこんなに自分はできないのだろうと思った。30歳のとき，6ヶ月勤務していた小さな出版社の受付の仕事を解雇された。それも，与えられた職務をこなしていないという理由でだった。受付程度の簡単な仕事ならできると思ったのに，ここでも彼の職務遂行能力の低さが露呈した。クリスは，すがるような気持ちで州のリハビリテーション・カウンセリングのサービスに申し込んだのである。

　クリスはなんとなく，自分の問題は注意欠陥・多動性障害（ADHD）ではないかと予測していた。彼の担当となったリハビリテーション・カウンセラーは，彼の問題が何であるのか明らかにすることからはじめた。まず，問題が何かがわからない限り，解決法を見つけることはできないのである。カウンセラーはクリスを心理学者にリファーして，問題を明らかにするた

めに必要な心理テストを受けられるように手配した。この心理テストは，知能テスト，認知判定テストなどからなるもので，ADHDなどの認知的障害の判定をするために使われる。結果，クリスはADHDを持っていると診断された。忘れっぽかったり，集中力に欠けたり，仕事がこなせなかったりするのはそのせいであった。自分でもADHDを疑っていたクリスには，この診断は意外ではなかった。むしろほっとした気持ちになった。仕事のできなさが，自分の無能さからくるのではなく，ADHDという認知障害によって生じるのだという説明が与えられたからである。そのうえ，カウンセラーはクリスがADHDのためにどんな能力が制限されているか，逆にどんな能力が強みなのかを説明してくれた。たとえば，彼の最後の仕事であった出版社の受付のように複数の業務を同時にこなさなければいけないような仕事はクリスには向かないが，一つのことだけに集中していられる仕事なら能力を発揮できる。つまり，ふさわしい仕事を見つけられたら，クリスは職業的に成功できるはずである。クリスの強みとしてカウンセラーが指摘したのは視覚認知の分野だった。目を使ってものの形を判断したり，イメージを記憶したりする能力にたけている。要するにこれを武器に利用できるような職業を選択すればいいのである。また，カウンセラーはクリスが苦手なことをカバーする方法も検討してくれた。注意力の散漫さについては，精神科医から集中力を向上させる薬を処方してもらえると言われた。また，時間や金銭の管理ができないことについては，ADHDを持つ人を対象として行われている管理能力促進のためのセミナーに出席するように勧めてくれた。そのうえ，スケジュールの管理が容易になるようにと

電子手帳を州の負担で購入してくれたのである。

　こうしたサービスを受けて，クリスは自分の人生が新たな方向に展開していくのを感じた。かつては自分ができない人間だと思っていた。診断を機にその認識が少しずつ変わっていった。ADHDゆえにできないことはあっても，それが自分の人生のすべてを支配するわけではない。自分にもできる仕事があるはずだと思い始めた。

　クリスには夢があった。グラフィック・デザイナーになることである。パソコンに向かって，グラフィック・デザインを創作していると，他の何をするよりも集中して効率よく時間が使える自分に気がついていた。それまでは夢のままで終わってしまうだろうと思っていたが，試してみてもいいような気がしてきた。カウンセラーに相談してみたところ，肯定的な回答が返ってきた。視覚認知にすぐれているクリスには，グラフィック・デザインは適性がある分野の一つと言われた。その回答がクリスの自信とやる気を倍増させた。アメリカにはコミュニティ・カレッジといって，日本の短期大学のように2年間で卒業でき，そのうえ社会人に広く解放されている教育システムがある。専攻できる学科は，看護学，ホテル経営，法律事務など，さまざまな分野に及び，しかもほとんどが直接職業に結びつくものである。クリスはもちろんグラフィック・デザインを専攻した。授業料のほとんどは州のリハビリテーション・カウンセリングの予算でまかなわれた。

　2年間で卒業するまでにいろいろなことがあった。精神科医に処方された薬を飲まずに1週間を過ごしてまったく授業に集中できなかったときがあった。時間管理のずさんさから課題が

提出できなくて授業を落としたこともあった。そもそも学校という場所が苦手なクリスにとって，毎日授業に出席し，宿題をやるのは並大抵のことではなかった。決して楽ではない2年間で，夢をあきらめかけたときは何度もあった。そんなことがあるたびにカウンセラーに励まされて，クリスはようやくグラフィック・デザインの全課程を修了した。幸いにも課程を修了しただけではなく，仕事先も確保した。ある授業を担当していた教師がウェブ・デザインの会社を経営しており，クリスの才能を認めたその教師がデザイナーの一人として採用を決めてくれたのである。まさにアメリカン・ドリームを絵に描いたようなサクセス・ストーリーである。

　リハビリテーション・カウンセラーの大切な資質の一つは，あるクライエントがどこまで伸びるかを判断する目である。それが新しい道を切り開こうとするクライエントを支えるのである。すべてのクライエントがクリスと同じような能力と行動力を持って新しい道を切り開いていけるわけではない。だからこそ，それができるクライエントを見出して応援し続けるのは重要な役割なのである。

事例D：デイビッド

　デイビッドは18歳の男性である。高校を卒業する半年前に高校のスクール・カウンセラーからの紹介で州のリハビリテーション・カウンセリングのサービスに申し込みをした。彼の診断名はアスペルガー症候群である。診断のカテゴリーとしては自閉症のうちに入っており，知能のレベルや言語発達には問題はないが，社会性とコミュニケーションに障害がある

(American Psychiatric Association, 2000)。たとえば，場の雰囲気が読めなくて，聞き手が嫌がっていることを平気で言い続ける，いつどこで笑えるかがわからず突拍子のないタイミングで笑い出す，初対面の人とどのように会話したらよいかわからずにずっと黙っている，などの症状がある。対人関係がとにかく苦手であり，そのために社会に受け入れられない場合が多い。また，アスペルガー症候群を持つ人には，変化を嫌い，ルーティーンを好む人が多い。リハビリテーション・カウンセラーとの初めての面接に両親に伴われてやってきたとき，デイビッドが口にした言葉は「はい」と「いいえ」だけだった。何になりたいか，何ができるか聞かれても，視線を落としたままで口を開こうとしなかった。

　デイビッドをはじめ，アスペルガー症候群を持つ人たちが社会で適応して生活していくためには，対人関係の能力を発達させなければならない。アメリカにはグループ・ワークや個人的セラピーを通してアスペルガーのクライエントが対人関係能力を改善できる機会が与えられている。たとえば，友人との会話をどのように始め，また続けていくか。笑顔をつくるためには顔のどの筋肉を動かすかなど，通常では当たり前のスキルとして身につける能力を，特別な場で磨いていかなければならない。

　デイビッドにもこのような訓練が必要であることは明らかだった。リハビリテーション・カウンセラーは，デイビッドが対人関係促進のための訓練を受けられるようにグループ・ワークとセラピーに紹介した。

　デイビッドが仕事に就くことをはばむもう一つの問題は，自分が何がしたいか，どんな仕事に就きたいか，どんな能力と適

性があるのかわからないことであった。これは一般的に高校生にとっては回答するのが難しい質問である。アスペルガーのために社会経験をより限られてきたデイビッドにとってはなおさらである。そこで、デイビッドが適切に職業選択ができるように総合的な職業能力の評価が実施された。デイビッドは5日間かけて、総合的な職業面からの評価を受けた。この評価とは、職業興味検査から始まり、学業、事務処理能力、手先の器用さ、工具を使う能力、全身の敏捷性、コンピューター操作の能力、判断力、問題解決能力などを総合的に評価し、どのような職業に適性があるかを判断する検査のプロセスである。デイビッドのように自分がどのような仕事に興味を持っているか、何に適性があるのかわからない人がこの職業面からの評価を利用する。デイビッドは評価の全体で高い得点をあげた。デイビッドの能力の高さは彼の高校からの報告でも認められていた。とりわけ、デイビッドはコンピューターを操作する能力にたけていることがわかった。しかも、ソフトを使いこなす能力だけではなく、事務処理を論理的に理解して正確に処理する能力も持ち合わせていることがわかった。そのうえ、デイビッドの職業興味はコンピューターを使った仕事をすることにあった。こうしたプロフィールの人が適応しやすい職業は、データ入力である。この職種は、デイビッドのように社会性が低い人にでも適応できる。一日中黙々とデータ入力するのが仕事だからである。デイビッドのキーボード、テンキー入力のスピードはまだ速いとはいえなかったが、それは練習によって上達するものである。正確さが高い方がのぞましい。

　この結果をデイビッドとデイビッドの両親に報告するための

面接をリハビリテーション・カウンセラーは行った。データ入力という職種に適性があるのではないかというカウンセラーの意見に両親は同意した。そこでカウンセラーはデイビッドに質問した。高校を卒業した後，コンピューターの学校に行ってもっと技術を身につけ，データ入力の仕事ができるようになりたいかと。そのころまでには少しはカウンセラーになじみ，セラピーを通して自己表現ができるようになってきていたデイビッドは，「やってみたい」と言った。彼にしてみれば大きな決意の一言であった。

　次のステップは学校探しである。コンピューターの学校はあちこちにあっても，デイビッドの障害にあわせた教育が望める学校は限られている。カウンセラーは少人数のクラスで，一人のインストラクターがきちんと面倒を見てくれるような学校を探した。しかも，デイビッドがデータ入力ができるようになるだけのカリキュラムを持っている学校でなければならない。ようやく見つけた学校へ，カウンセラーはデイビッドを伴って訪問した。カリキュラムの説明を受け，一とおり教室を見て回った後，デイビッドは言った。「この学校が好き」。

　次の問題は，デイビッドがどのように学校に通うかであった。両親は高校に通っていたときのように車で送り迎えをすると言った。しかし，それではデイビッドの自立につながらない。かといって，今まで一度も一人で電車に乗ったことがないデイビッドには，毎日の電車通学は苦痛になる。そこで，リハビリテーション・カウンセラーは，デイビッドが一人でも安心して通学できるための訓練を受けられるようにした。専門のトレーナーが5日間にわたり，デイビッドが家と学校との間を往復する

のに付き添い，電車の乗り方からすべて訓練した。4日目の終わりには，デイビッドはだいぶ電車の乗り降りになれ，自分一人でも学校に行ける自信をつけた。

こうしてリハビリテーション・カウンセリングの費用でデイビッドは学校に通いだし，毎日一人で通学することもできた。今までの両親と高校に保護されてきた生活とはかなり違うが，デイビッドはコンピューターの操作をどんどん学び，入力のスピードもあげていった。

6ヶ月のコンピューターのプログラムを終えて，次にカウンセラーがしたのは仕事の斡旋である。幸い，地元の銀行がデータ入力の人材を探していたときにぶつかり，デイビッドは難なく採用された。現金化される小切手をデータベースに入力していく仕事である。セラピーに通って少しは社会性が増してきたとはいえ，まだまだ円滑な人間関係を保てるほどではない。そんなデイビッドが銀行という大きな組織にどのように溶け込めるか心配ではあったが，職種としては彼にぴったりのものだった。

就職して3ヶ月，心配をよそにデイビッドは毎日電車に乗って通勤している。黙々と仕事をするデイビッドを，銀行の人々は「熱心に働く若者」として好意的にとらえている。

デイビッドの場合は高校卒業から職業訓練，就職と順調にステップを踏むことができた。このプロセスは「学校から職場（school to work）への移行」と呼ばれ，州政府も特別な予算を用意してこの移行を円滑に進められるように努力している。しかし，アメリカでも障害を持つ若者が学校教育を修了して社会に出ようとしても仕事に就けずに苦労する例は決して少なくな

いのが実状である。

事例E：エリック

　エリックは25歳の男性である。ダウン症を持って生まれ，そのために知能に遅れがある。他の州から1年前に引っ越してきて，初めてリハビリテーション・カウンセリングのサービスがあることを知った。今までに働いたことのないエリックでももしかしたら仕事ができるかもしれないと，エリックの母親が，サービスに申し込んだのである。

　エリックが初めてリハビリテーション・カウンセラーのもとにやってきたとき，白いYシャツにネクタイをきちんと締めて，あたかも就職活動をしている学生のようだった。それは彼の働きたいという意欲を見せるものであった。エリックはいつも笑顔を浮かべた好青年であるが，残念ながら今までに仕事をしたこともなければ，技能を身につけているわけでもなかった。「何ができるかわからないけれど，働いてお金を稼いで，大リーグの野球の試合を見に行きたい」，というのがエリックの希望であった。そこでカウンセラーはエリックの職業適性を診断するために総合的な職業能力の評価から始めることにした。

　エリックは5日間にわたる評価の間，毎日ネクタイをして現れた。懸命に課題に取り組み，いつも笑顔を絶やさない。しかし，与えられた課題を理解するのに時間がかかったり，間違えて何度もやり直したりと，困難が見えた。しかも，心臓に欠陥があるエリックは，体を動かす課題は休み休みしかできなかった。それでも最後まですべての課題をやりとげた。結果から明らかになったのは，エリックの強みは手先の器用さにあるとい

うことだった。手を使った単純な仕事を繰り返して行う能力は十分備わっていた。しかし，一般社会に出て仕事を探すまでの段階には至っていなかった。エリックには新しい仕事を覚えたり，量をこなしたり，複雑な作業をするのが困難だからである。しかも，エリックにはつねにそばにいて，仕事のやり方を指示し，チェックする人も必要である。逆に言えば，適切な仕事と指導があれば，エリックにも仕事をすることが可能なのである。

　こんな場合にアメリカで利用されるのはワークショップというプログラムである。だいたいの場合は民間のリハビリテーション団体によって運営されており，障害のために一般の企業では仕事を見つけられないが，簡易な仕事をする力がある人が毎日やってきて自分にできる仕事をできる量だけする。たとえばエリックのように手先の仕事が得意な人には，書類の封筒詰め，商品の袋詰めなどの仕事がふさわしい。ワークショップの営業担当者が地元の企業や商店をまわって仕事をもらってくるので，いつも適切な仕事がある。しかも，エリックのように仕事を進めるうえでサポートが必要な人たちのために，つねに指導員がいて，仕事の指示をしてくれる。ワークショップで働く人たちは一般企業にありがちなスピード，競争，変化などに圧倒されることなく，保護された環境の中で与えられた仕事を自分のペースでこなせる。さらによいことには，やった分の仕事に見合った金額の賃金が小額ながらも支給されることである。

　エリックがこのワークショップに通い始めて1年になる。毎日迎えのバンが来て，相変わらずネクタイをきちんと締めたエリックをワークショップに連れて行ってくれる。指導員ともうまが合うし，同じ仕事をする友達もできた。エリックが毎日楽

しみにしているのは，ワークショップのカフェテリアで昼食を食べることである。「お昼ご飯にお金を使いすぎるから，野球に行くお金がない」，というのがエリックのもっぱらの悩みである。

ワークショップは，障害のために一般企業で働くことが困難な人に仕事をする機会を提供する。人によってはそこで働くことの何たるかを学び，技術を身につけ，自信をはぐくみ，一般の仕事へとステップアップすることもできる。そこで数10年働く人たちにとっても，数年で卒業して一般企業に勤める人にとっても，ワークショップは他にないリハビリテーションの場なのである。

事例 F：フランク

フランクは49歳の男性である。うつ病傾向があり，しかもつい最近までアルコール依存症だった。うつ病傾向とアルコール依存症の合併症状は，近年リハビリテーション・カウンセリングのクライエントの間に急増している。うつ症状のために人々はアルコールに依存し，アルコールはうつ症状を助長する。鶏が先か，卵が先かの議論である。フランクもうつ病とアルコール依存のために仕事がうまくいかなくなった一人である。

フランクは高校を卒業後30歳になるまで宝石のセールスをしていた。それに嫌気がさして，たまたま募集広告を見かけた近所の博物館のガードマンとなった。最初の10年はフランクの職場環境も家族環境もよかった。勤続10年をすぎたころ，家庭内でごたごたが続いた。フランクは職場でもそのことを思い悩んだ。夜勤で一人になると，とくに孤独感がこみ上げてき

たという。そして夜勤の夜にアルコールを持ち込むことを覚えた。飲む量は次第に増え，それにつれて居眠りの量も増えた。あるとき，朝になって勤務時間を終えても眠り続けていたフランクを，脇に転がっていた酒の空瓶とともに同僚が見つけた。その日のうちに解雇処分になった。15年間ガードマンとして働き，職場での信頼も受けていた。そんな形で終止符を打たなければならなかったことに誰よりもフランク自身が動揺した。眠れない夜が続き，食事にも手がつけられなかった。一方でアルコールの消費量はどんどん増えていった。妻が心配して精神科の診療をすすめた。失業中で妻に頭があがらなかったフランクはしぶしぶながら精神科医のもとを尋ねた。そこでうつ病と診断されたのである。

　フランクが初めてリハビリテーション・カウンセラーのもとを訪れたのは，精神科医の指導でアルコール依存者の自助グループである「アルコール中毒患者救済協会（Alchoholics Anonymous，略称：AA）」に通い始め，アルコールを断ち，抗うつ剤を飲み始めて2年後のことだった。最低2ヶ月間アルコールや薬物依存から抜け出していないと，リハビリテーション・カウンセリングのプログラムを利用できないことになっている。フランクはアルコールを断って2年間を過ごし，抗うつ剤のために精神的には落ち着いていたものの，職業面ではサポートが必要なところにいた。博物館のガードマンの仕事を解雇されてから相変わらず失業の状態が続いていた。自分で仕事を探そうとしたが，何からどのように手をつけていいかもわからない。考えてみれば，宝石のセールスを始めたときも，博物館のガードマンになったときも，本格的な就職活動はしなくてす

んだ。そのために仕事の探し方のいろはを知らないで50歳近くまできてしまった。かといってこのままリタイヤしてしまうのもいやだった。それでリハビリテーション・カウンセリングのサービスに申し込むことにしたのである。

リハビリテーション・カウンセラーは，まずフランクが就職するまでのプランを立て，それを計画書にまとめるのを手伝った。計画書とは，何を目標にするかを定め，どのようにしてその目標に達するかの方法を決めるものである。フランクは12年間のガードマンとしての経験を活かして，再びガードマンになることを目標にした。問題はどのようにしてその目標に到達できるかの方法論であった。フランクとリハビリテーション・カウンセラーとの共同作業で考えた基本的な方法は，① AAと精神科治療の継続，②コンピューター教室への参加，③就職活動，の三つである。

AAと精神科の継続が一番目にきているのは，これらがフランクの生活を支える基盤だからである。再び飲み始めたり，うつ状態になったりした場合，フランクは仕事どころか日常生活も営むことが困難になる。だから，AAに毎週通って断酒をつづけるサポートを得ること，精神科に通ってうつ病の再発をはばむことが重要なのである。これはどのような障害を持つ人にも共通する。まず自分の心と体のケアがあったうえで職業について考えられるのである。

次のコンピューター教室への参加とはフランクの職業能力を高めるためである。現在アメリカでは，ガードマンとはいえ業務上コンピューター操作をしなければならない。ガードマンの求人広告にも「基本的コンピューター操作ができる人材を求

む」と書いてある場合が多い。フランクはスイッチの入れ方もわからない。それでは仕事に応募することもできない。リハビリテーション・カウンセラーは，フランクの家の近くにあるリハビリテーション団体が行っているコンピューター教室にフランクが参加できるように手配した。そこなら企業がやっているコンピューター教室と違って，少人数で，ゆっくりとしたペースで学べるからである。もちろん費用は州が負担する。

　第三の就職活動については，リハビリテーション・カウンセラーとフランクとの共同作業で進められた。まず，アメリカの就職活動では履歴書の作成が採用されるかどうかの要となる。雛形ができている日本の履歴書と違って，アメリカの履歴書は個人個人によってまったく異なる。自分の職務遂行能力，資格，学歴を採用主にアピールできるような形で作成する。よい履歴書を作ることがよい就職の要となる。フランクの場合は，15年にわたるガードマンとしての経験を強調し，さらに新しく身につけたコンピューターのスキルも盛り込むわけである。履歴書など作成したことのなかったフランクは，カウンセラーの助けを借りて自分の履歴書が完成したとき，これで自分も就職活動が始められると，とても喜んだ。しかし，喜んだのもつかの間，フランクは採用面接という壁に突き当たった。アメリカの採用面接はかなり手厳しい質問が飛んでくる場合が多い。就職面接など受けたことのなかったフランクは初めての面接で返答ができなくてしどろもどろになった。自信喪失したフランクはカウンセラーに泣きついた。しかし，カウンセラーは心得たもので，面接の難しさは誰もが感じるもので，フランクだけの問題ではないこと，面接のテクニックを習得する手段があることをフラ

ンクに説明した。フランクはカウンセラーの言葉に励まされた。就職面接セミナーに通い，そのうえカウンセラーが面接官になっての練習面接をいくつかこなして，少しは面接に自信がついた。

それからはひたすら新聞とインターネットで求人を探し，ガードマンの募集があるごとに応募をしていった。その時点でのフランクはガードマンとしての経験と，それを裏打ちする履歴書，さらにコンピューター操作能力，面接のテクニックまで身につけたすばらしい人材になっていた。そんなフランクが採用されるのにはさほど時間がかからなかった。地元のテレビ局のガードマンとなったフランクは，就職して3日目に喜び勇んでカウンセラーに電話をしてきた。その日彼はその局の人気女性アナウンサーと同じエレベーターに乗ったという。サインをもらいたかったのに紙もペンも持ち合わせていなかったことを悔しがっていたが，それでも仕事を通していろいろな出会いがあることに喜びを見出していた。

事例G：グレース

グレースは39歳の女性である。めがねをかけ，スーツを着こなし，長い髪をなびかせながらハイヒールの靴音をたててさっそうと歩く。傍目には彼女が障害を持っているようには見えない。彼女もまた障害を持っていることを気づかれないように努力している。

15年間小学校の教師を務めてきたグレースは，自分の仕事に誇りを持っている。生徒と接するのは大好きだし，15年間を通して高い業務評価を得てきた。ところがここ数年，生徒と接す

るときに心配なことがあった。最初はほとんど気にならない程度のものであったが，徐々に明らかになってきた。生徒の言っていることが聞こえないのである。とくに教室の中で遠くに座っている生徒の声が聞き取りにくくなっていた。聴覚の低下である。これは教師という職業には致命的な損失である。

　初めのころは，「聞こえないはずがない。きっと気のせいだ」と否定していたグレースも，だんだんに症状が明らかになるにつれて現実を認めざるを得なくなってきた。それでも，「そのうちによくなる」と自分に言い聞かせて，耳鼻科医の診断を受けるのを先延ばししていた。ところがついに耳鼻科医を訪れる決意をしたのは，同僚の教師に聴力の低下を指摘されたことである。案の定，聴覚検査の結果は彼女の聴力の衰えを示すものであった。しかも，診断した耳鼻科医は補聴器の使用を勧めた。そんなに悪いとは思っていなかったグレースは精神的にショックを受けた。しかも，補聴器が片方の耳用が1000ドル，両耳用で2000ドルするといわれて，彼女のショックは増大した。7年前に離婚して，10歳と12歳の子供を一人で育てているグレースには，補聴器のために2000ドルを用意することができなかった。そんなグレースの状況を聞いた耳鼻科医は，リハビリテーション・カウンセリングのサービスに申し込むようにすすめた。

　グレースはリハビリテーション・カウンセリングなどというサービスを州から受けられるとは知らなかった。知っていたとしても，自分がそのサービスを利用するとは考えてもみなかっただろう。ようやくグレースがリハビリテーション・カウンセラーのもとを半信半疑で訪れたのは学校が夏休みに入った6月

のことだった。ためらいがちに聴力の低下，補聴器の必要性，経済的困難を説明した。リハビリテーション・カウンセラーはグレースの聴覚検査の結果と補聴器が必要だという医師の診断書を読んだ。また，グレースの収入と家族構成を確認し，彼女が補聴器を自費で購入するのが困難だと判断した。州のリハビリテーション・カウンセリングの目的は，障害を持つ人が仕事に就けるように助けることだけではなく，障害を持つ人が現職を保持できるようにすることでもある。教師という，生徒とのコミュニケーションが大切な職業を持つグレースがこれからも能力を活かして仕事をするためには補聴器が必要なのである。そのためには州が全額負担で彼女に補聴器を提供するのは妥当である。

　経済的な側面はもちろんのこと，グレースを心理的にサポートするのも大切である。とくに彼女は今まで障害とはかけ離れた生活をしてきた。中途で障害を持ち，補聴器の使用を余儀なくされ，これから自分の聴覚がどのように保持されていくかがわからない状態は心理的葛藤をもたらす。聴覚が絶対的に必要な教師という職業を持っていること，さらに女手ひとつで子どもを育てていることが彼女の不安を倍増させていた。そんなグレースの不安，怒り，苛立ちをそのままに聴いていくのもカウンセラーの役割である。つまり，グレースの心理的な葛藤をカウンセリングを通して支えるのである。

　グレースが新しい補聴器を手にしたのは9月に学校が始まる3週間前だった。初めは補聴器をつけるのにためらいがあった。しかし，カウンセラーの理解と励ましがあったこと，使ってみると今まで聞こえなかったのがうそのように聞こえるようにな

ったことが手伝って、次第に抵抗なくつけられるようになった。しかも、彼女の長い髪がちょうどよく補聴器を隠すので、人目につきにくいのが好都合だった。9月に学校が始まったとき、彼女はリハビリテーション・カウンセラーにはずんだ声で電話をした。「生徒の声がよく聞こえるんです。今までほうっておいた自分が恥ずかしいです。これならば大丈夫、やっていけます」。

これからさきグレースの聴力がどこまで保持されるかわからない。これ以上悪くならないことを願いつつ、最悪の状況も予測しなければならない。グレースはリハビリテーション・カウンセラーの助けを受けてようやく障害受容のプロセスを歩み始めた。これからも物質的、心理的なサポートの両方が必要になってくるだろう。

事例 H：ヘレン

ヘレンは23歳の女性である。3年前に不安神経症、パニック症候群と診断された。実は母親にも同じ症状がある。ストレス状態に置かれると、心臓が高鳴り、大量の汗をかき、呼吸が苦しくなってくる。それで何回か病院の救急室に運ばれた。自分では情けないと思う。何か新しいことや難しいことをやろうとすると、不安が増大してパニック状態に陥る。自分でそれをコントロールできない。大学に進学したが1学期ともたなかった。仕事を始めたが簡単なことしかできない。もっとできるはずなのに、もっとしたいのに、パニックが邪魔をする。

ヘレンがリハビリテーション・カウンセリングのサービスに申し込んだとき、仕事を失う瀬戸際にいた。大学を断念してか

ら2年間,ヘレンはあちこちのピザ・ショップで働いてきた。イタリア系の家族の中で育った彼女は,ピザを作るのも食べるのも大好きなのである。しかし,店のマニュアルでピザを作るのは,自分の家で好きなようにピザを作るのとは違う。しかも,注文は次々に飛び込んでくるし,時間勝負で動かなければならない。それはヘレンにはストレスとなり,パニック状態に陥る。マニュアルを覚えて自分のものにできれば気持ちも楽になるのだが,現実のピザ・ショップの厨房は忙しすぎてそれができる環境ではない。結局,仕事に追いつかずに解雇される,というパターンを何回か繰り返してきた。そのとき働いていたピザ・ショップでは,ピザ作りを覚えられないヘレンは皿洗い担当にさせられていた。

担当したリハビリテーション・カウンセラーとの話し合いで,ヘレンの現職を保持することが目標にされた。そのために必要なのはジョブ・コーチである。ジョブ・コーチとは,実際にその人の職場に行って,その人が仕事を覚えるのをサポートする役割である。ヘレンの場合はピザを作る能力がないのではない。能力はあるのに,それを活かすところまで達しないだけである。仕事を覚えようとすることがストレスとなり,パニック状態に陥る。そして,解雇されたり,皿洗いにまわされたりするのである。ヘレンが仕事のやり方を覚えるまでそばにいて指導してくれる人がいれば,その後は問題なく仕事ができるのである。

ジョブ・コーチの派遣には,クライエント自身の了承とともに,雇用主の理解を得なければならない。そこで,カウンセラーはヘレンの了解を取ってピザ・ショップの責任者に連絡を取った。ジョブ・コーチの派遣について職場の理解を得るのは決

して簡単なことではない。雇用主は余分な経費負担を恐れるし，ジョブ・コーチを必要とするような従業員など受け入れたくないという場合も多い。だからこそ，きちんとジョブ・コーチの目的，役割，方法論を説明しなければならない。つまり，ジョブ・コーチはあくまでもその人が仕事を覚えるまでの短期間に派遣すること，それは企業にとってプラスになるし，義務でもあること，そして，雇用主側の金銭負担はなく，すべて州のリハビリテーション・カウンセリング予算でまかなわれること，などである。

　幸い，ヘレンのピザ・ショップはジョブ・コーチの派遣を1週間だけという条件で受け入れてくれた。リハビリテーション・カウンセラーは，ジョブ・コーチのリストの中から厨房で働いた経験がある人を選んだ。そのジョブ・コーチはヘレンとともに厨房に入り，まずヘレンがどのように仕事をこなしているかを観察するところから始めた。そして，ヘレンが実際にピザを作ること自体につまずいているのではないことに気づいた。ヘレンが最も時間を費やしていたのは，ピザの作り方が書かれたマニュアルの中から注文を受けた種類のピザの作り方を探すことであった。この店のマニュアルは20種類近くのピザの作り方が書かれている。作り方といっても，要はピザの生地にのせる材料とその量が種類別に書かれているだけの話である。しかし，このマニュアルは順不同に印刷されているので，どのページにどの種類のピザが載っているかを探すのが大変なのである。ジョブ・コーチはすぐにピザの種類をアルファベット順に並べた索引をヘレンのために作った。そうすれば注文を受けたピザの作り方がどのページにあるかを見つけるのにさほど時間

がかからないからである。作り方さえわかれば，ヘレンは実にテキパキと材料を生地にのせて，オーブンに入れることができた。その点ではジョブ・コーチが口を挟む必要がなかった。

　もう一つヘレンがつまずいていたのは，複数の注文を一度に受けたときである。忙しい時間には注文は次から次に押し寄せてくる。それをさばけない限りはこの店でピザ作りの仕事は勤まらない。ジョブ・コーチはヘレンの能率と作業上の限界を考えて，一回の作業サイクルでピザを三つ作ることを提案した。まず作業台をきちんと整理して三つの作業ステーションを設けた。それによって三つのピザ生地を並べ，注文にあわせてそれぞれに必要な材料を盛り合わせていけるようになった。あとはその三つのピザを同時に同じオーブンの棚に並べて焼く。三という数は，作業効率上悪くはなく，なによりもヘレンにとって混乱せずにこなせる数でもあった。ジョブ・コーチはヘレンが注文を三つで区切り，三つのピザを並べて作り，それをまとめてオーブンに入れるという作業サイクルを何回か指導した。それまではたくさんの注文を見ただけでパニックを起こしてミスばかりしていたヘレンだったが，こうしてきちんと順序だててやっていれば複数の注文にも対応できる自分に気づいた。

　ジョブ・コーチは他にも，作業台の整理の仕方，作り終えたピザを注文書上でチェックしていく方法，パニックを起こしそうになったときの心の落ち着け方なども指導してくれた。また，ジョブ・コーチは決してヘレンの仕事に手を出すのではなく，ヘレンに仕事をやらせながら必要な指示を与えるので，ヘレンはこういうふうにやればこの仕事ができるのだという自信をはぐぐむことができた。自信は落ち着きとゆとりを生み，ストレ

スとパニックをはばむ。

1週間ジョブ・コーチを受けて，ヘレンはすっかりそのピザ・ショップで働く自信をつけた。ジョブ・コーチが去っても，これなら大丈夫である。ジョブ・コーチをする際の重要なポイントは，その人がジョブ・コーチがいなくなった後でも一人で仕事ができるだけの力と自信をつけてあげることにある。それはジョブ・コーチに課せられた大きな責任であり，だからこそジョブ・コーチは鋭い観察力と人を育てる力のある人が求められる。

事例1：アイボリー

アイボリーは34歳の女性である。10年前に躁うつ病と診断された。当初は症状がかなり重く，何もせずにただ暗い部屋に閉じこもっていた。ここ数年，ようやく人生を築きなおすための一歩を踏み出すことができた。リハビリテーション・カウンセリングの費用で学校に通い始めたのである。

アイボリーの環境を余計難しくする要素がある。彼女は15年前に，見も知らないアメリカ在住の中国人男性と結婚するために中国本土から初めて渡米したのである。もちろん中国語しか話したことのなかった彼女は言葉もわからない，文化もわからない状態にありながら，親戚によって計画されたこの見合い結婚に反対するすべもなかった。結婚した夫はさほど協力的ではなかった。知らない国で知らない人の間に暮らす孤独感はアイボリーをうつ状況へと押しやっていった。夫はそんなアイボリーの面倒をみるわけでもなく，逆に彼女の症状が悪化した時点で離婚を申し出た。もちろん，離婚はアイボリーをさらに追

いつめた。転機となったのは，中国語のできるよい精神科医に出会ってからである。抗うつ剤とセラピーを通して症状が改善するまでに4, 5年かかった。その間，幸いにも前夫は生活費だけは支払ってくれた。

　アイボリーはもともと頭がよく，しっかりした人だった。中国で短大を出て，大きな会社の会計の仕事をしていた。中国に戻って仕事をする選択肢をすすめる人もいたが，彼女としてはいまさら帰る気にもなれなかった。アメリカに来てすでに10年以上が経っていたし，前夫と結婚した時点でアメリカ国籍も取得していた。アメリカに残って自立して生活する手段を考えなければならなかった。そこで，ある程度症状が回復した3年前に，精神科医のすすめでリハビリテーション・カウンセリングのサービスに申し込んだ。その精神科医が言うには，このサービスを通して仕事ができるように力をつけられるとのことであった。

　リハビリテーション・カウンセラーはまず第一にどんな仕事をしたいかという希望をアイボリーに尋ねた。彼女は中国でやっていたような会計の仕事をしたいといった。これには長いプロセスが予測される。会計の仕事ができるようになるためには，少なくともアメリカの短大に通って，専門的な知識を身につけなければならない。短大に入るためには英語を上達させなければならない。アイボリーの英語はアメリカに15年住むわりにはとても初歩的だった。短大に入学できるところまで上達する保障はなかった。しかし，アメリカで仕事をするからには，何をするにも英語力は基本になる。そこで，アイボリーのリハビリテーションの計画書は，まず英語学校に通い，英語を上達さ

せることに重点を置いた。もし，短大に行けるレベルまで英語力があがるようなら，そのときは計画書を短大で簿記を学ぶように変更するという約束つきであった。もちろん，費用のすべては州のリハビリテーション予算でまかなわれる。

　アイボリーが英語学校で最初にとったのは，英語の発音に重点を置くクラスだった。心理的にまだ微妙に不安定だったアイボリーは，一つだけしかクラスを取ろうとしなかった。リハビリテーション・カウンセラーもアイボリーに余分な負担を与えないように，最初は1クラスから始めることに同意した。学期が終了したとき，アイボリーは喜び勇んで電話をかけてきた。発音のクラスでAを取ったというのである。リハビリテーション・カウンセラーはアイボリーの教師に連絡を取って，アイボリーの英語のレベルがまだ小学校3年生程度だと知らされた。次の学期ではアイボリーは文法と読み書きのクラスを取った。二つのクラスを取るゆとりが出てきたのである。そして，その学期が終わったときには，アイボリーの英語力は中学校1年レベルまで急上昇した。

　英語学校に通い始めてから2年，アイボリーの英語力はようやく短大を視野に入れられるところまで上がった。リハビリテーション・カウンセラーは，とにかくアイボリーが英語力とともに自信を育てられるように励まし続けた。彼女は今，短大入学準備のための英語クラスに通っている。そして，来年には，短大で会計学，帳簿の講義を受けることになっている。前夫に頼らずに自立して生きていけるすべを見出しつつあるのである。

事例J：ジェニファー

　この節では前節までとは異なった場所で仕事をするリハビリテーション・カウンセラーの事例を取り上げてみる。

　ジェニファーはあと3ヶ月で大学を卒業する。卒業後は自分が以前生徒として所属していた盲学校で教鞭をとることになっている。それはジェニファーの10年来の夢だった。13歳のときに交通事故がもとで失明したジェニファーは，中学校の2年間をこの盲学校で学んだ。それは並大抵の2年間ではなかった。事故の精神的なショックからも立ち直るか立ち直らないかのうちに，見えない生活に慣れていかなければならなかった。点字を使っての読み書き，白杖を持っての歩行訓練，食事や洗面や入浴などの日常生活動作もまったく新しい方法で行わなければならなかった。とかく落ち込みがちだったこの2年間を支えてくれた担任の先生がいた。先生自身も中途失明で視力を失った経験がある。その分，ジェニファーの怒り，悲しみ，失望，困惑を汲み取ったうえで，見えないジェニファーのこれからを支える指導をしてくれた。ジェニファーにとっては恩師であり，ロールモデルである存在だった。盲学校を卒業して地元の高校に入学するとき，自分も盲学校の教師になることを決意した。

　大学では当然のことながら特殊教育を専攻した。そこで再びジェニファーのあり方に影響を与える人物に出会った。大学の障害学生支援室のリハビリテーション・カウンセラーである。それまで盲学校と地元の小さな高校という環境の中で周囲の人たちに保護されてきたジェニファーには，大学という自立性が求められる環境に初めて身を置いて戸惑うばかりだった。障害学生支援室のリハビリテーション・カウンセラーは，ジェニフ

ァーの入学が決定した時点から彼女のキャンパス・ライフがスムーズに行くようにいろいろと相談にのってくれた。まず，ジェニファーが心配だったのは住む場所だった。親元を離れて大学に入学するのである。安全で，しかも授業に通いやすいところが好ましい。カウンセラーは大学側とかけあい，大学の寮のうちで最も便が良い建物の1階にジェニファーが入れるようにしてくれた。次に気になったのは，教科書の点訳である。普通の教科書が読めないジェニファーには，すべての教科書が点訳されていなければ勉強ができない。高校まではある程度教科書の点訳はされており，それを借りるだけの話だった。大学では講師によって使う教科書はまったく異なる。だからできるだけ早くに教科書が何になるかを知り，点訳業者に依頼しなければならない。大学レベルの教科書の点訳にはかなり時間がかかる。しかし，ジェニファーの心配をよそに，講師への問い合わせも，点訳業者への発注も，カウンセラーがすべてやってくれた。しかも，点訳にかかる費用はすべて大学もちだった。驚くべきことに，カウンセラーはこれらの手配をすべてジェニファーが入学する前に整えてくれた。「私の仕事は障害を持つ学生さんがいろいろな心配をせずに学業に集中できるようにサポートすることですから」。それがこのカウンセラーの口癖だった。

　入学する1週間前にジェニファーは学生寮に入った。その日，両親に手伝ってもらって荷物を運び込み，その後初めてリハビリテーション・カウンセラーに会いに行った。カウンセラーのオフィスにはもう一人の人物が座っていて，カウンセラーによって「歩行訓練指導員」と紹介された。つまり，目の見えないジェニファーが新しいキャンパスで何がどこにあり，どうやっ

て目的の場所にたどり着くかを指導してくれる人である。こうした歩行訓練も大学の費用でまかなわれる。こんな訓練が受けられるとは考えてもみなかったジェニファーはひどく感動した。歩行訓練指導員は，早速，学生寮内の施設，カフェテリアなどにジェニファーが一人でも行けるように訓練してくれた。

　授業が始まって，すぐにジェニファーが気づいたのは，ノートをとるのが思ったより大変だということだった。高校のときは点字タイプでノートをとる一方で授業の録音もさせてもらっていた。しかし，大学の何時間にも及ぶ講義の録音テープを後で聴くのは並大抵なことではない。リハビリテーション・カウンセラーに相談してみたところ，やはりすばらしい解決法を持っていた。ジェニファーのための筆記者をクラスメートのなかから選び，その人のノートを点訳することによってきちんとした，それもジェニファーに読める形でのノートを入手できるという方法である。またもや，この筆記者に大学がその分の賃金を払ってくれると知らされた。つまり，クラスメートにとっても筆記者としてアルバイトができるよい機会なのである。

　こうしてジェニファーの学生生活は順調に進み始めた。勉強はかなりきつかったが，新しい友達もでき，楽しい時間も過ごせた。テストの時期の少し前，リハビリテーション・カウンセラーはジェニファーがテストを受けやすいように段取りを整えてくれた。問題の点訳はもちろんのこと，普通より課題に取り組むのに時間がかかるため，テスト時間の延長と，さらには解答用紙に記入してくれる代筆者まで用意してくれた。ここまでやってもらってよい成績を取らないわけにはいかない。そのためか最初の学期のジェニファーの成績は非常に優秀だった。

その報告をカウンセラーにしたところ，彼はまたこう言った。「私の仕事は障害を持つ学生さんがいろいろな心配をせずに学業に集中できるようにサポートすることですから」。

　ジェニファーの大学生活は瞬く間に終わりに近づいた。彼女にとっては学びと，成長と，自立の4年間であった。何よりも大きな収穫だったのは，自分の障害が社会で生活していくうえで障害になる必要がないのだと確信できたことだった。目が見えなくてもできる環境が整えられていれば，自分の実力を十分に発揮できる。それはひとえにリハビリテーション・カウンセラーによってもたらされた自信であった。

　アメリカの大学には障害を持つ学生をサポートする部署が必ずある。主にＡＤＡによって障害を持つ学生へのサービスが大学側に義務付けられているからである。日本でも徐々に増えつつあるが，義務化されてはいない。そこで働くのはやはりリハビリテーション・カウンセラーの資格を持つ人が多く，「障害を持つ学生が障害に起因する問題を心配することなく大学生活を充実させることができるように種々の支援を提供」しているのである。

引用文献

第 1 章

Maki, D. R., & Riggar, T. F. (Eds.) (1997). *Rehabilitation Counseling: Profession and Practice.* New York, NY: Springer Publishing.

Moulton, G. (Ed.) (2002). *Accessible Technology in Today's Business.* Seattle, WA: Microsoft Press.

Vandenbos, G. R. (Ed.) (2006). *The APA Dictionary of Psychology.* Washigton, DC: American Psychological Association.

第 2 章

Commission on Rehabilitation Counselor Certification (2002). *Scope of Practise for Rehabilitation Counseling.* Schaumburg, IL: CRCC.

Emener, W. G. (1991). An empowerment philosophy for rehabilitation in the 20th century. *Journal of Rehabilitation,* **57** (4), 7-12.

Emener, W. G. (1997). *Theory and Philosophies: Rehabilitation Counseling: Profession and Practice.* New York, NY: Springer Publishing.

Foundation for Rehabilitation Education and Research (1990). *Rehabilitation Counseling: The Profession and Standards of Practice.* Foundation for Rehabilitation Education and Research.

Maki, D. R., & Riggar, T. F. (Eds.) (1997). *Rehabilitation Counseling: Profession and Practice.* New York, NY: Springer Publishing.

Meier, S. T., & Davis, S. D. (2001). *The Elements of Counseling* (4th ed.). Pacific Grove, CA: Brooks/Cole Publishing.

Okun, B. (2001). *Effective Helping: Interviewing and Counseling Techniques* (6th ed.). Pacific Grove, CA: Brooks/Cole Publishing.

旺文社 英和辞典

Webster English Dictionary

第 3 章

Emener, W. G., Patrick, A., & Hillingsvorth, D. K. (Eds.) (1984). *Critical Issues in Rehabilitation Counseling.* Spring-field, IL: Charles C. Thomas.

Kirk, F., & La Forge, J. (1995). The National Rehabilitation Counseling Association: Where we've been, where we're going. *Journal of Rehabilitation,* **61** (3), 47-50.

Leahy, M. J., & Holt, E. (1993). Certification in rehabilitation counseling: History and process. *Rehabilitation Counseling Bulletin,* **37**, 71-80.

Leahy, M. J., & Szymanski, E. M. (1995). Rehabilitation counseling: Evolution and current status. *Journal of Counseling and Development,* **74**, 163-166.

Leahy, M. J., Szymanski, E. M., & Linkowski, D. C. (1993). Knowledge importance in rehabilitation counseling. *Rehabilitation Counseling Bulletin,* **37**, 130-145.

Maki, D. R., & Riggar, T. F. (Eds.) (1997). *Rehabilitation Counseling: Profession and Practice.* New York, NY: Springer Publishing.

Shapiro, J. P. (1994). *No Pity: People with Disabilities Forging a New Civil Rights Movement.* New York, NY: Three Rivers Press. (秋山愛子訳 (1999). 哀れみはいらない——全米障害者運動の軌跡 現代書館)

Walker, M., & Wiegmann, S. M. (1997). History and systems: Mostly mavericks. In D. Maki, D. R., & Riggar, T. F. (Eds.) (1997). *Rehabilitation Counseling: Profession and Practice.* New York, NY: Springer Publishing.

第4章

Banja, J. D. (1990). Rehabilitation and empowerment. *Archives of Physical Medicine and Rehabilitation,* **71**, 614-615.

Chan, F., & Leahy, M. J. (1999). *Health Care & Disability Case Management.* Lake Zurich, IL: Vocational Consultants Press.

Commission on Rehabilitation Counselor Certification (2002). *Scope of Practice for Rehabilitation Counseling.* Schaumburg, IL: CRCC.

Maki, D. R., & Riggar, T. F. (Eds.) (1997). *Rehabilitation Counseling: Profession and Practice.* New York, NY: Springer Publishing.

Marinelli, R. P., & Dell Orto, A. E. (Eds.) (1999). *The Psychological and Social Impact of Disability* (4th ed.). New York, NY: Springer Publishing.

Osipow, S. H., & Fitzgerald, L. F. (1996). *The Theories of Career Development* (4th ed.). Boston, MA: Allyn and Bacon.

Parker, R. M., & Szymanski, E. M. (Eds.) (1995). *Rehabilitation Counseling: Basics and Beyond* (2nd ed.). Austin, TX: Pro-Ed.

Power, P. (2000). *A Guide to Vocational Assessment* (3rd ed.). Austin, TX: Pro-Ed.

Rubin, S. E., & Roessler, R. T. (2001). *Foundations of the Vocational*

Rehabilitation Process (5th ed.). Austin, TX: Pro-Ed.
Rubin, S. E., & Rubin, N. M. (Eds.) (1988). *Contemporary Challenge to the Rehabilitation Counseling Profession*. Baltimore, MD: Brookes.
Ryan, D. J. (2000). *Job Search Handbook for People with Disabilities*. Indianapolis, IN: JIST Works.
Stapleton, D. C., & Burkhauser, R. V. (Eds.) (2003). *The Decline in Employment of People with Disabilities: A Policy Puzzle*. New York, NY: Cornell University.
Szymanski, E. M. (1985). Rehabilitation counseling: A profession with a vision, an identity, and a future. *Rehabilitation Counseling Bulletin*, **29** (1), 2-5.
Webster English Dictionary,

第5章

Baird, B. N. (2002). *The Internship, Practicum and Field Placement Handbook: A Guide for the Helping Professions* (3rd ed.). Upper Saddle River, NJ: Prentice Hall.
Commission on Rehabilitation Counselor Certification (CRCC) (1994). *CRCC Certification Guide*. Schaumburg, IL: CRCC.
Commission on Rehabilitation Counselor Certification (2002). *Ethical Codes*. Schaumburg, IL: CRCC.
Corey, G., Corey, M. S., & Callanan, P. (1998). *Issues and Ethics in the Helping Professions*. Pacific Heights, CA: Brooks/Cole.
Cottone, R., & Tarvydas, V. (2003). *Ethical and Professional Issues in Counseling* (2nd ed.). Upper Saddle River, Merrill- Prentice Hall.
Council on Rehabilitation Education (2004). *Council on Rehabilitation Educations Standards*.

第6章

American Psychiatric Association (2000). *Desk Reference to the Diagnostic Criteria from DSM-IV-TR*. Washington, DC: American Psychiatric Association.
Berkow, R. (Ed.) (1997). *The Merck Manual of Medical Information* (Home Edition). Rahway, NJ: Merck Labs.
Davis, L. J. (Ed.) (1997). *The Disability Studies Reader*. New York, NY: Routledge Press.
Dell Orto, A. E., Marinelli, R. P., Creasey, D. E., & Zola, I. K. (Eds.) (1995). *Encyclopedia of Disability and Rehabilitation*. New York, NY: Simon &

Schuster Macmillan.

National Institute of Neurological Disorders and Stroke (2007). What is Parkinson's Disease? http://www.ninds.nih.gov/disorders/parkinsons_disease/parkinsons_disease.htm#What_is (12/2007)

Stolov, W. C., & Clowers, M. R. (Eds.) (1981). *Handbook of Severe Disability*. Washington, DC: U. S. Department of Education.

事項索引

あ
accommodate　*36*
アスペルガー症候群　*120*
アセスメントと査定　*79*
advocate　*37, 111*
インターン　*97*
インターンシップ　*96*
ウェルネス　*32*
ADA　*50*
empower　*39, 112*

か
カウンセリング　*40, 43*
機会の均等　*34*
キャリア　*73, 86*
　——・カウンセリング　*80*
　——志向　*66*
共感的理解　*43*
計画書　*42, 78, 129*
継続教育　*91*
傾聴　*43*
ケース・マネージメント　*81*
合意　*42*
公平性　*99*
コーディネーション　*81*
コミュニティ・カレッジ　*119*
コンサルテーション　*82*

さ
CRC　*90*
自己成長　*13, 11*

自己責任　*33*
慈善性　*99, 107*
実践　*76*
　——の規範　*78*
職業斡旋　*83*
職業開発　*83*
職業評価　*125*
職業分析　*82*
ジョブ・コーチ　*135, 137*
自立志向　*67*
自律性　*99, 101*
自立生活　*45*
　——運動　*49*
　——センター　*49*
誠実性　*99, 107*
全人的アプローチ　*30*
全米リハビリテーションカウンセリング学会　*64*

た
地域　*40*
チーム・ワーク　*40*
知識　*91*
注意欠陥・多動性障害　*117*
独自性　*33*

な
人間の全体性　*30*
脳性マヒ　*1*
能力　*91*

は
パーキンソン病　*114*
パニック症候群　*134*
非有害性　*99, 101, 107*
不安神経症　*134*
プログラム評価　*82*
変化志向　*69, 75*
歩行訓練指導員　*142*

ま
目標志向性　*31*

ら
リハビリテーション・カウンセリング学会　*64*
リハビリテーション・カウンセリング資格認定委員会　*65, 78, 90*
リハビリテーション・テクノロジー　*83*
リハビリテーション教育協議会　*64, 89*
リファー　*81*
隣接領域　*86*
倫理　*98*
　——教育　*98*
　——綱領　*98*

わ
ワークショップ　*84, 126, 127*

人名索引

ア
アイゼンハワー，D. D.　*56*
ウィーカー，R.　*53*
Emener, W. G.　*23*
Okun, B.　*41, 43*
Osipow, S. H.　*74*

カ
Callanan, P.　*101*
クリントン，B.　*70*
クルーズ，T.　*32*
ケネディ，E.　*53*
コエプロ，T.　*52, 53*
Cottone, R.　*100*
Corey, G.　*101*
Corey, M. S.　*101*

サ
Shapiro, J. P.　*45*
スウィツァー，M.　*56, 63*
スーパー，D.　*73*

タ
ダート，J.　*51, 52*
Tarvydas, V.　*100*
ディアラー，G.　*63*
Davis, S. D.　*43*
ドール，R.　*53*

ハ
バーグドルフ，B.　*50-52*
バリノ，S. S.　*52*
Vandenbos, G. R.　*15*

Fitzgerald, L. F.   74
ブッシュ, G.（父）   52-54
フロイト, S.   74

マ
Maki, D. R.   23
Meier, S. T.   43

Moulton, G.   18

ラ
Riggar, T. F.   23
ルーズベルト, F.   32, 55
ロバーツ, E.   45-49

監修者紹介
渡辺三枝子(Mieko Watanabe)
立教大学大学院ビジネスデザイン研究科教授(特任)および筑波大学キャリア支援室シニアアドヴァイザー
ペンシルバニア州立大学大学院博士課程修了,Ph.D.取得(カウンセリング心理学・カウンセラー教育専攻)

著者紹介
藤田有香(Yuka Fujita Langlais)
Massachusetts Rehabilitation Commission
リハビリテーション・カウンセラー
明治学院大学大学院心理学研究科修士課程修了
ボストン大学リハビリテーション・カウンセリング修士課程修了

リハビリテーション・カウンセリング

2010年7月20日　初版第1刷発行　(定価はカヴァーに表示してあります)

　　　　　　　監修者　渡辺三枝子
　　　　　　　著　者　藤田有香
　　　　　　　発行者　中西健夫
　　　　　　　発行所　株式会社ナカニシヤ出版
　　　〒606-8161　京都市左京区一乗寺木ノ本町15番地
　　　　　　　　　　　Telephone　　075-723-0111
　　　　　　　　　　　Facsimile　　　075-723-0095
　　　　　　　Website　http://www.nakanishiya.co.jp/
　　　　　　　E-mail　　iihon-ippai@nakanishiya.co.jp
　　　　　　　　　　　郵便振替　01030-0-13128

装幀＝白沢　正／印刷・製本＝ファインワークス／製本＝兼文堂
Copyright©2010 by Y. Fujita
Printed in Japan.
ISBN978-4-7795-0471-6